信仰生活補助教材

自己牧会プログラム

「囚われの自分」からの 解放を目指して

光言社

天一国時代の伝道に向かって

世界平和統一家庭連合 副会長（2019年当時）　堀 正一

　私は祝福二世として信仰の道を歩みながら成長するにつれて、教会の中にも、世間一般と同じような人間関係での葛藤が少なからずあることが気になっていました。

　真理を知ることで、人は人格を完成し、理想家庭を築ける……はずなのですが、どうも、そう簡単にはいかないようです。

　誰もがいつかは越えなければならない復帰路程に特有の「カイン・アベル問題」、そしてその「壁」をどう乗り越えるのでしょうか。家庭連合の時代が開けた今、神氏族メシヤとして進む第一歩のためには……？

　天一国経典『天聖経』第八篇「信仰生活と修練」、第九篇「家庭教会と氏族メシヤ」には、《第一伝道（自己牧会）、第二伝道（家庭と教会の復興）、第三伝道（いわゆる伝道と氏族メシヤ）》の流れが示されているといえます。第三伝道の実りを得るためには、第一・第二の伝道勝利が必要だというのです。これを実現したいと考えました。そこで私は、南東京教区長時代にひとつの決断をしました。この「自己牧会プログラム」を教区として推奨することにしたのです。短い期間にもかかわらず、祝福家庭に劇的な変化が生まれました。

　伝道の歩みも変わりました。今では、夫婦に、親子に、兄弟に、本性の愛が芽吹く喜びを実感した食口たちが前線に立ち、喜びを伝えようとしているのです。

　このたび皆様に、この新しくて本質的な信仰の文化を紹介できることを、無上の喜びに感じます。学び始めればお分かりいただけると思いますが、これは単なる手段や方法論だけではなく、み言を信じ体恤するための「次のライフ・ステージに移行する営み」であると申し上げておきましょう。

　天一国を我が内で実感し、その喜びを伝える伝道の時代が来ているのだと思います。皆様もワークを通じて、その幸福を体験できるよう、切に願います。

はじめに

「自己牧会プログラム」は、正しく行動しようとする良心との対話を土台に、三大祝福の実現を目指して、人格向上のプロセスを体感するためのプログラムです。本書はその実践のための指導書であり、信仰生活の "補助教材" です。

これから、良心との対話（祈り）とワークの方法を示していきますが、このプロセスを通じて人格の向上を体感した上で、さらにみ言をより深く理解、体恤していただきたいと思います。本書では理論面に重きを置くのではなく、実践に役立つためのワークに取り組みながら、"囚われの自分"（自己中心的な思いに囚われる自分の意）から解放されることを目指していきます。同じようなワークが何度も繰り返し出てくるところがありますが、あらかじめご理解いただきたいと思います。

（注）『原理講論』に「生心と肉心との関係は、性相と形状との関係と同じく、それらが神を中心として授受作用をして合性一体化すれば、霊人体と肉身を合性一体化させて、創造目的を指向させる一つの作用体をつくる。これが正に人間の心（本心）である」（88ページ）と説明されています。この本心のことを本書では良心と呼んでいます。

ここで、前もってお伝えしておきたいことがあります。各種ワークを実践した人たちは、良心との対話を通して「気づき」が得られることが多くあり、過去の "囚われの自分" から解放された喜びを体験しています。許せなかった人を許し、愛せなかった人を愛し、一つになれなかった人と一つになれたという経験を多くの人がしています。しかし、それだけでは不十分であるということです。真の父母（メシヤ）の祝福を受けなければ、根本的な解決はできず、三大祝福を実現することはできないのです。

この「自己牧会プログラム」は、基本的に真の父母による「祝福」を受けた

祝福家庭、さらには祝福二世や祝福三世を対象とするものです。祝福を受けながらも、堕落性を脱げず、家庭や社会での人間関係で葛藤することがあります。そのような問題を克服し、愛と喜びと平安のある生活をしていくために、本プログラムは企画されているものです。

　真のお父様は、良心について次のように語っておられます。

　「第一の神様の前に、（人間には）第二の神様として良心があるのです。それが蘇生、長成（期）基準で堕落したのだから、神様と関係を持つには、完成圏が残っています。それで、神様は堕落したアダム（人間）には干渉できないのです。長成基準で止まってしまった良心に、（神様は）下がってきて干渉することはできません。
　……神様が主体です。人間の良心は、第二の神様、客体として、ぴったり一つになるようになっています。それがなぜできないのかというと、長成期完成級基準の堕落圏を残しているからです。完成基準の7年間が残っています。（そこで）祝福を通して、長成期完成級基準以下に留まっていたところから、上に向かって（完成期の）7年間を越えていくのです」

（『文鮮明先生の日本語による御言集　特別編1』54～55ページ）

　したがって、「祝福」を受けることで原罪を清算し、長成期完成級を超えなければ、本プログラムによって、真の意味で"囚われの自分"から解放されることは難しいのです。「祝福」を受けてみ言を実践してこそ、良心との対話（ワーク）による本プログラムによって、愛と喜びと平安のある生活を得ていくことができるのです。

　ここで「自己牧会プログラム」のこれまでの経緯について紹介します。
　その原点は、16万日本女性幹部特別修練会において、真の父母様が「真の

自分を探しましょう」というタイトルでみ言を語られたことです。真の父母様が語られた「真の自分」とは何かを探究し、良心に関するみ言が意味する内的世界を追求する中で、この「自己牧会プログラム」にたどりつきました。

　人格向上、個性完成は、み言を信じ実践することによって成されます。そのためには、み言をより深く体恤する取り組みが必要です。「まず"良心との対話"を軸とした生活によってこそ、その目的を達成することができるのではないか」ということから、このプログラムが生まれました。

　第二の神様＝良心と対話する（尋ねる）と、心が平安に導かれる、さまざまなことで悩んだり苦しんだりしていても、原理的に整理される。この良心の声に聞き従っていくことによって、心と体が一つになっていくのを実感できる――。このような恵みを体験します。

　2015年、南東京教区が教区をあげて「自己牧会プログラム」に取り組むようになると、教会から遠のいていた食口が積極的に通うようになり、二世教育にも進展が見られるようになりました。さらには喜んでみ旨を歩む食口が一人、また一人と立ち上がるようになり、伝道文化の変化がもたらされるようになりました。その復興は拡大し、日本の各地でこのプログラムの恩恵に浴する食口が増えています。

　復興を願う食口たちが、この「自己牧会プログラム」の内容を実践し、活用できるようにしたい、そんな願いを込めて本書をここに発表するものです。

　2019年11月

世界平和統一家庭連合
「自己牧会プログラム」編集委員会

目　次

WORK一覧表

第1章

心のしくみ

1. 自己主管

自己主管とは、心と体の統一をいい、それは神を中心とした生心と肉心の授受作用により合性一体化した本心（＝良心）が、肉身を主管することによってなされます。

❖ み言

皆さんは、心と体の二重構造になっているでしょう。心と体は、一つになっていますか、なっていませんか。闘っていますか、統一されていますか。闘っている人は、天一国の国民になることができません。

（ 八大教材教本『天聖経』 2211ページ ）

どのような境遇でも皆様の心と体を一つに統一して暮らさなければなりません。私も、いち早く天の道を決心しながら、「宇宙主管を願う前に自己主管を完成せよ！」という標語を掲げ、悲壮な覚悟で出発しました。天は既に、皆様がこの目的を達成する道案内として良心を下さいました。……したがって、皆様の人生の中で良心を神様の代わりの位置に立て、影のない正午定着の人生で絶対服従の道を行けば、皆様は間違いなく心と体の共鳴圏を形成し、統一を完成するでしょう。

（ 天一国経典『天聖経』 1405ページ ）

再臨されるメシヤは、真の父母として、心身の統一、夫婦の統一、親子の統一を願われているのです。……私たちの心と体を見ると、体は地獄の基地、良心は天国の基地になっていて、私たち自身は二つの世界の分岐点に立っています。そのことを、私たちは今まで知らなかったのです。このような立場に立っている自分自身を見た時に、体のほうが心を支配していることを発見するのです。肉身が良心を支配している理由は、堕落した時、サタンと関係を結んだ偽りの愛が、良心の力よりも強かったからです。神は、このことをよく知っていたので、堕落した人間を見捨てず、これを救うために、良心を支配している肉身の力を弱める作戦をとってきたのです。このように、天が働くことのできる救いの体制として、良心に対して立ててきたのが、歴史上における宗教なのです。そのため、

過去にも現在にも宗教が必要なのです。

（『祝福家庭と理想天国（ I ）』86〜87ページ）

　我々がここで強調しなければならないことは、堕落観念を早く宣布することである。我々人間自体の中で、良心と肉身とが相争って闘っている。……ここで、我々「統一思想」はどうするか。出発点が間違っているから、我々は一次元高い本源の元に帰らなければならない。……これは良心と肉身が闘っている人間ではなくして、良心と肉身が一致している人間である。……もともと原則の立場から見れば、人間は霊肉一体基準において、神の心情圏を中心に立つようになっているんだよ。その心情基準が中心になった場合には、良心と肉身は絶対に分けることができません。だから、堕落観念をいつももたなければなりません。

（『祝福家庭と理想天国（ II ）』920〜921ページ）

　愛は、心身が共に100パーセント共鳴し、互いに合わさって進んでいこうとするのです。愛は一方にだけ行くのではありません。ですから、良心と肉心が完全に一つになって目的に向かい、その突進していく方向とともに愛は走るのです。ですから、心身の共鳴圏によって絶対的方向性を確実に備えた所には、愛があるというのです。

　したがって、皆さんが喜ぶためには、肉心と良心が共鳴圏に立たなければなりません。共鳴圏に立たなければ、愛が生じないのです。ですから、皆さんの良心と肉心が永遠に共鳴圏に立っているかを重視しなければなりません。

（ 天一国経典『天聖経』1325ページ ）

　終末に処している現代人は、何よりもまず、謙遜な心をもって行う祈りを通じて、神霊的なものを感得し得るよう努力しなければならないのである。つぎには、因習的な観念にとらわれず、我々は我々の体を神霊に呼応させることによって、新しい時代の摂理へと導いてくれる新しい真理を探し求めなければならない。そして探しだしたその真理が、果たして自分の体の内で神霊と一つになり、真の天的な喜びを、心霊の深いところから感ずるようにしてくれるかどうかを確認しなければならないのである。このようにすることによってのみ、終末の信

徒たちは、真の救いの道をたどっていくことができるのである。

（『原理講論』175ページ）

🎓 み言解説

　心のしくみから説明します。この内容が一番重要です。お父様は「自己主管を完成せよ」と何度も強調されました。自己主管、個性完成のためには、心と体が真の愛を中心として一つになることが必要です。
　それはどういうことなのでしょうか？

❖ 心と体の統一は、神を中心とした生心と肉心の授受作用により合性一体化した本心（良心）が、肉身を主管することによってなされる

　心と体は主体と対象の関係です。生心と肉心もまた主体と対象の関係であり、それらが神様を中心とした授受作用により合性一体化した「本心」が、肉身を主管しなければなりません。
　肉心は、「肉体をして生存と繁殖と保護などのための生理的な機能を維持できるように導いてくれる作用部分」（『原理講論』85ページ）をいい、生心は、「神が臨在される霊人体の中心部分」（同、86ページ）をいいます。
　「生心の要求のままに肉心が呼応し、生心が指向する目的に従って、肉身が動くようになれば……霊人体は善のための正常的な成長をするようになる……生心の要求するものが何であるのかを教えてくれるのが真理（み言）である……人間が真理で生心が要求するものを悟り、そのとおりに実践することによって……初めて生霊要素と生力要素とがお互いに善の目的のための授受作用をする」（同、86〜87ページ）ことで、各人の霊人体が成長します。そのようにして霊人体を完成へと導く機能をつかさどるのが本心（良心）です。
　このように、生心と肉心は霊人体を成長させるために不可欠な働きをしています。神様を中心として生心が主体となり、対象である肉心を従わせ、み言に従って生活していくことにより、心と体の統一が成され、霊人体が

成長し完成していくようになります。

　み言で確認してみましょう。

（→参照　八大教材教本『天聖経』2211ページ）

　このようなみ言は他にもたくさん出てきます。

（→参照　天一国経典『天聖経』1405ページ）

　「個性完成」、心身統一の道が示されていますが、良心に絶対服従すれば可能だということです。**真のお父様は、『原理講論』での「本心」のことを、「良心」と語られています。**このみ言で端的に表現されています。

（→参照　『原理講論』86〜87ページ）

　三大祝福を実現するには、血統転換、心情転換などが必要ですが、そのための最初の基本、それが心と体の統一によって成されていく「個性完成」です。

【図1】思考の特徴

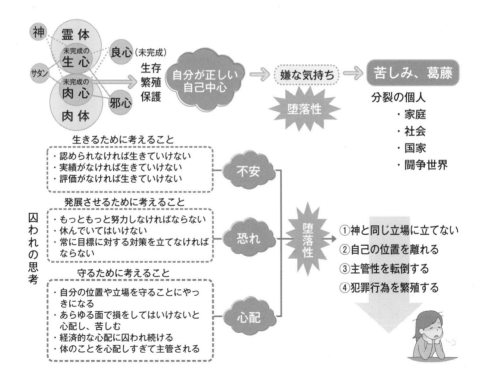

堕落によって、私たちは邪心に基づく堕落性にまみれてしまったので、そこから地獄が生じるようなったのであり、体は地獄の基地となったのです。

❖ 訓読と祈りを通して良心[※]を強める

堕落の結果、肉身が良心を支配するようになってしまいました。この点を明確に認識して、良心の力をみ言によって強くして、肉身を主管できるようにすることが、人生の諸問題を解決するための重要なポイントとなります。

そのためには、み言の訓読が必要です。訓読によって、良心に霊的な糧を補給することができます。しかし、訓読をするだけでは、心の姿勢を変えるには十分ではありません。さらに祈り、み言を実践し体恤しながら良心をさらに強くしていけば、肉身を主管する力が与えられます。つまり、み言と祈りと実践が不可欠なのです。そうしてこそ、心身統一がなされ、霊人体の成長、完成が初めて可能になります。

（→参照 『祝福家庭と理想天国（Ⅱ）』920ページ）

（→参照 天一国経典『天聖経』1325ページ）

堕落人間は、良心が肉身を主管できていないことを知り、堕落観念に徹することが必要です。そして、良心が肉身を主管できるように努力しなければなりません。

❖ み言を信じ実践して、神様の心情圏に立てば、良心が肉身を主管できる

良心は神様にも優る存在なので、そこから心情に基づく真の愛が生じるようになります。その真の愛を中心とした生活をすれば、おのずと良心が肉身を主管して、心身が一つになることができます。
また、嫌な気持ちにさせられる人がいたとしても、その人を愛して許して一つになるというワークをすれば、その人を温かい気持ちで見つめることができ、平安と愛する喜びが湧いてくるのです。また、良心から発せられた言葉を感じ

※良心＝本心

ることができれば、嫌な心が癒やされ、相手を受容するという体験をします。

　神様の心情と一つになったら、良心と肉身は正常に機能するようになります。私の良心は、神様の心情を中心に真の愛を実践することができるようになります。そのとき、堕落人間が持つ自己中心性を克服していくことができるでしょう。

　この内容に関して具体的には、ワークで体験していきたいと思います。

❖ 心と体を見ると、良心は天国の基地になり、体は地獄の基地になって、分裂し闘争している

　「競争社会」において、生存、生活するために考えることは、どのようなことでしょうか。生きるためには、まずお金がなければならない、お金は働かなければ得られない、働き続けるためには、実績を出して評価を得なければならない……。このようになってしまって、心休まることがありません。

　「競争社会」における発展（地位、名誉など）という側面においても、あらゆる面で発展しなければならない、もっと成功しなければならない、休んでいてはならない、常に目標に対する対策を立てて、達成しなければならない、そうしなければ人に追い越されてしまう……などと考えがちです。
　ですから、競争社会においては、休みの日も、平安な気持ちで過ごすことが難しいかもしれないのです。目標を立てることや発展することはとても良いことですが、過剰な心配や恐れから、むしろ苦痛を受け、ストレスになっている人も少なくないと思われます。

　「競争社会」における人間の保護の機能について見てみましょう。自分を守るためには、このような人が必要であり、このような地位や環境などが必要だ。しかし、この人やこの環境は自分に不利益をもたらすのではないか？　と心配する気持ちが止まらなくなるかもしれません。健康でなくてはならないし、損をしてはいけないという心配する気持ちにも囚われやすくなるでしょう。

では、なぜ堕落人間は、体は地獄の基地、良心は天国の基地[※]になって、分裂し闘争しているのでしょうか。それは堕落することで、サタンを中心に生心と肉心が授受して生じる「邪心」によって、堕落人間が悪の方向に引っ張られ、「ために生きる」生活をすることができないために、正しい肉身生活（地上生活）をすることができずにいるからです。

　本来、神を中心に生心と肉心が授受することで生じる「良心」（『原理講論』でいう本心）に従って、人間が「ために生きる」生活をするならば、この世界は天国になっていたはずです。すなわち、真の愛を中心として良心が肉身を正しく主管し用いたならば、私たちは幸せになることができたのです。

　「競争社会」に巻き込まれた人や"囚われの自分"[※]から解放されない人たちは、自己中心の立場で堕落性を中心として生活し、他人を害しても意に介さず、分裂と闘争によって不安や恐れ、心配を生じさせているのです。こうして苦悩し葛藤する自分、そして苦しみの家庭、氏族、民族、国家、世界、すなわち地獄の世界を形成するようになってしまったのです。

❖ 光を見続けられる自分になることがまず重要[※]

　霊界では、神様の姿は見えず、光として現れるといいます。私たち人間が、神様の愛である四大愛（子女の愛、兄弟姉妹の愛、夫婦の愛、父母の愛）を完成すれば、霊界ではまばゆいばかりの発光体（生霊体）となります。『原理講論』には、霊人体を完成させたイエス様について、「生霊体級の霊人として、燦爛たる光を発する発光体である」（259ページ）と述べており、それに対してイエス様の弟子たちは新約レベルの霊人体として「生命体級の霊人で、受けた光を反射するだけの存在である」（同）とあります。すなわち神様の愛をどの程度、体得しているかで、霊人体の輝き方が違うのです。

　私たちは、地上生活において家族や隣人に対して愛を実践することで、神様と同じように「光」を放つ本然の霊人体（生霊体）を完成させなければなりません。**本書でいう「光」とは、本然の霊人体から発する「神の愛」を指します。**

※良心＝本心　光＝神の愛　囚われの自分＝自己中心的な思いに囚われる自分

　堕落性を脱ぐための道を、お父様はみ言を通して明確に教えてくださいました。私たちはメシヤによる血統転換を通して原罪を清算し、天のみ言（真理）を信じ実践することによって創造本性を啓発し、堕落性を脱ぐことができるのです【図2】。そのための道筋を示してくださった「真の自分を探しましょう」という光り輝くみ言、これが真理のみ言の一つなのです。

　神様を中心に生心と肉心が授受作用して合性一体化したのが「良心」（『原理講論』でいう本心）です。その生心に神様が臨在されるのです。本心とは、神様を中心に生心と肉心が授受して生じるものであり、その本心を中心に生活し、真の愛を実践することで理想世界が実現されていきます。神様と真の父母様の血統につながって、私たち祝福家庭に神様が臨在するようになり、その家庭が殖え広がっていけば、神様と真の父母様を中心とした人類一家族世界になり、天一国（天宙平和統一国）となるのです。

【図2】生心と肉心との関係

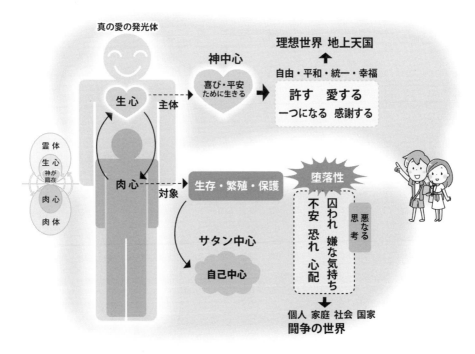

サタンを中心に生心と肉心が授受することで生じる「邪心」（悪なる思考）に支配されて自己中心に生きれば、「本心」との葛藤が生じ、苦しみ続けるようになります。その葛藤する姿は、本然の自分の姿ではないと気づくことが重要です。本然の自分を指向する本心を中心に生きること、これこそが、お父様が示してくださっている心身統一の王道なのです。

ワーク紹介
WORK❶「本然の自分を感じる」ワーク

1. 許す

すべてを許している自分って、どんな感じがするだろうか？
「許せない」という思いに囚われた自分の意識がどんどん薄くなって、すべてを受け入れている自分って、どんな感じがするだろうか？
大海原のような平安な自分を感じているかもしれません。

2. 愛する

出会う人々に対し、「愛せない」という心に囚われた自分を越えて、喜んでもらいたいという気持ちで喜ばせることを言ったり、物をあげたり、その人が助かることをしてあげて、出会う人たちに喜んでもらい、感謝されて、嬉々として忙しくしている自分って、どんな感じがするだろうか？　平安な気持ちになって、ワクワクしてきませんか？

3. 一つになる

そうなると、自然に皆と一つになっている感じがするでしょう。

4. 感謝する

そうすると、感謝の気持ちがあふれてくるでしょう。

希望を感じながらしばらくの間、この平安でワクワクした感じを持ち続けましょう。

自由・平和・統一・幸福の世界が、「今ここ」にあります！

🎓 WORK❶の解説

早速、ワークをしてみましょう。「本然の自分を感じる」ワークです。

お父様もお母様も、「許し、愛し、一つになりなさい、感謝しなさい」とずっとご指導してくださいました。これは私たちのあるべき姿を教えてくださっているのです。「本然の自分」が行くのは、そういう道です。そのみ言を、ただ読んだり聞いたりするだけでは流れていってしまいます。心で感じて実践すれば、み言を体恤することができます。

そこで、皆さんにはイメージして、まず心で感じてみてほしいのです。次の内容に沿って想像して、感じてみてください。

❖ 許し、愛し、一つになる、感謝する

すべてを許している自分って、どんな感じがするだろうか?「許せない」という思いに囚われた自分の意識がどんどん薄くなって、すべてを受け入れている自分って、どんな感じがするだろうか? すべての人、すべてのことを許して、受け入れている自分って、どんな感じがするだろうか?

想像することで、大海原のような平安を感じたなら、それを生活の中で実践しなければなりません。そうした上で原罪を清算し、本然の血統に連結してこそ「正午定着」(心と体の統一)、心に影がない状態へと至っていくのです。「正午定着」した人間になり、人に対して、むやみに批判したり、理由もなく良し悪しを判断したりせず、ありのままの姿を受け入れ、すべてを許す、罪の痕跡のない世界に至らなければなりません。

では、愛するということを感じてみてください。出会う人、一人一人に対して、喜んでもらいたいという気持ちで、喜ぶようなことを言ってあげて、その人が喜んで、感謝してくれている。多くの人に喜んでもらっ

て、感謝されている。そんな自分を感じてみてください。

　どんな感じがしますか。平安な心の土台の上に、ワクワクするような心情が、自分の心の中から、湧いてきていませんか。あなたの得意なことで、人の心に花を咲かせていくことができたら、そして多くの人が喜んでくれて、感謝してくれたら、ワクワクするような気持ちを感じませんか。

❖まず自分の中に天国を築かなければならない

　これが、平安な心の土台の上に出てくる本性です。神様の核心は心情です。本来、すべての人は神の子女ですから、愛することを通して、喜びたいというのが、その本質です。そのことを思えば、本来あるべき自分を思い描くことができます。嫌な気持ちが生じても、それがあっという間に消えていきます。

　このようにして、平安な心の土台の上に、すべてを愛そうとする本性が引き出されたら、おのずと、皆と一つになることができる自分を感じることができるのです。皆さんのイメージの中で、出会うすべての人と一つになっている平和を感じませんか？　それを感じたら、すべてに感謝する、そんな気持ちが自分の心の中に築けるのではないでしょうか。そのことを生活の中で実践して体恤し、実体化していかなければなりません。

　み言の実体となったならば、その人が実践する愛を神様の愛と表現することができます。自分の中にまず天国を築かなければならないのです。そうすると、私の中に神様が臨在していらっしゃることを感じませんか。真の父母様のみ言を実践して、生活の中で実体化すれば、神様の真の愛を相続することができるのです。

　これが私たちの目指すべき本当の姿ではないでしょうか。うれしくな

りますね。これこそが真の父母様が語っておられることなのです。

❖固定観念に囚われない[※]

『原理講論』の「人類歴史の終末論」を読んでみましょう（参照→『原理講論』175ページ）。

　因習的な観念を、この本では固定観念の一つとして扱います。こうであるべきだ、こうでなければならないという過去の因習や価値観に囚われず、神を中心として生心と肉心が一つになった良心[※]に、肉身が従うようになるということです。

　原理は素晴らしいのです。生心の要求するものが何であるかを教えてくれるのが真理（原理）です。人間が創造本然の姿に戻っていく道を、真理は示してくれるのです。

　しかしながら、私たちはともすれば頭だけでみ言を捉えて、実際の生活に何の変化もないという歩みをしがちです。そこで、お母様の「許し、愛し、一つになり、感謝しなさい」というみ言を、イメージとして感じてみましょう。

　「許し、愛し、一つになり、感謝しなさい」というみ言を、心で感じて祈りながら、日々、人間関係の中で感謝して実践していけば、それが神様と共鳴して、神様の愛を体恤した私たちの創造本性が、堕落性を脱がせていくのです。

　「良心」（『原理講論』でいう本心）は神様に優るものであり、天的な喜び、感動、平安を「今ここ」に感じることができます。
　この喜びは、心の奥底から感じられるのです。「良心」で神様を感じ、固定観念に縛られていた自己中心的な思考が、神様の真の愛によって修

※固定観念＝我執　良心＝本心　心の目＝神の目

正されていくのです。

　このようにして、頭だけでみ言を理解する段階から、み言を実践し、実体が変わるということを体験するのです。
　そして、真の愛を相続して、私たちは天一国に住むことができるようになります。自由と平和と統一と幸福の世界、心情文化世界を実体で体験することができるのです。

　今まで堕落性本性に引っ張られて苦しみ続けてきたと思います。しかし、これは本当の自分ではないと気づき、本然の自分を求めていけば、悪なる思いが消えていき、このような恩恵を受けることができるのです。

　そして、心の目で見れば、人種、文化、国境、宗教など、あらゆる壁は存在しなくなり、人類が神様を中心とした兄弟姉妹であり、一つの家族であるということを理解し、真の父母様が語られるみ言は、机上の空論ではなく、この地上で、実体で成せるみ言であることを、自分の体験を通して理解することができるのです。

　まだ最初の内容ですが、実践すれば何か変われるのではないかという希望を持ちませんか？

「心のしくみ」に関する、よくある質問

Q 肉心は悪いものなのですか？

肉心とは「生存と繁殖と保護などのための生理的な機能を維持できるよう導いてくれる作用部分」をいい、「動物における本能」がこれに該当します。この肉心は本来、悪いものではありません。しかし堕落によって人間はサタンの拘束を受けて、心が体を主管することができず、肉心は、自己中心的に働きやすく、創造目的に反する方向へと人間を引っ張っていきやすくなっているのです。

Q 各自が良心に従うと、自分なりの道に進んでしまいませんか？

「良心」（『原理講論』でいう本心）は、許し、愛し、一つになる方向に各人を正しく導くので、「良心」に従った結果、分裂が引き起こされるということはありません。むしろ、神様と真の父母様や中心と一つになる方向に導いてくれるでしょう。

ただし、堕落人間における"良心"（未完成の良心）は、自分が善であると考えるものを指向するため、各人の善の基準が異なることによって、その良心基準も異なるものになります。それゆえ、未完成の"良心"に従えば、自分なりの道に進んで、分裂が引き起こされることにもなりかねません。

真の父母様のみ言をしっかりと学び、それを正しく理解して、真の父母様を中心にみ言を実践することが不可欠です。

✿「本然の自分を感じる」ワーク実践の証し

✾真実の世界が分かり、ワクワクが止まらない！

〔50代／男性／Aさんの実践報告〕

　私は営業の仕事をしています。毎朝、実績に対する重圧からくる苦しみを抱えて、重苦しい表情で出勤していました。

　そんな中、礼拝の説教で邪心について学ぶ機会がありました。「邪心は、生きていくためには評価や実績がなければならない、という自己中心的な思いを投げ放ってくる。私たちはそれに囚われやすいのです」という話でした。

　自分の苦しみのすべてが解かれた気がしました。「実績のない私を、誰かが責めているに違いない。私は生きていけない」という嫌な思いに囚われて、自分で苦しみを作り出していたのだと分かったのです。

　誰も自分を無能と思っていないし、憎んでもいない。それが真実だと分かりました。「すべてを許し、皆に喜んでもらっている自分って、どんな感じだろう」と良心に問いかけていくと、ワクワクする心情が止まらなくなってきました。

　今では毎朝、鼻歌が出てきます。「本然の自分を感じる」ワークを通して、「自由、平和、統一、幸福」の世界を実感できました。今が人生で一番幸福だと、心から思えるようになっています。

✾皆、喜びを共有したいだけだと分かった！

〔40代／男性／Kさんの実践報告〕

　公務の中で、突然かつ緊急で、慣れない映像編集の仕事を依頼されました。日常業務でもいっぱいいっぱいの中、映像編集も質の高いものを求められました。通常業務も滞りがちになり、「なぜ自分だけがこんなに忙しいのか！」「このままではすべてが崩壊してしまう！」という恐れが湧いてきました。

　そのとき「思いどおりでなくても大丈夫」と唱えていくと、「本然の自

分を感じる」ワークを思い出しました。

この現状のままでも、「すべてを受け入れて許している自分。大海原をイメージしつつ、この業務を通して皆が喜んでくれている姿」をイメージしてみました。この映像の編集を通して、「多くの食口の復興があるな、そうなったらありがたいな」と感じ取っていくと平安に導かれ、業務に集中でき、良いものを作り上げることができました。

自分を中心とする思いは、「失敗したら何と言われるのだろうか」と不安を作り出し続けますが、本当は誰も私を責めていないのだ、皆が喜びを共有したいだけなのだと理解できました。本当は「今ここ」に天国があることを実感できました。

❀自分が解放された分、願いもかなう！

〔50代／女性／Iさんの実践報告〕

「本然の自分を感じる」ワークを実践する中で、妄想の中で生活している自分だったということがはっきり分かってきました。「これはこうだから難しい」「こうなったらどうしよう」と自ら苦しみや心配を作り出し続け、自分の限界も決めていたことを感じています。

囚われのない自分って、どんな感じがするだろうか？　自由で平和で一つの幸福な世界、平安をイメージし、感じるように努めてきました。

そして、創造本然の自分を感じながら、実現したい目標を明確にして歩んでいきました。年頭に12個の目標を立てましたが、半分は実現し、他の目標に対しても具体的な前進がありました。

その中に、真のお父様の聖和４周年までの８ヵ月間で21人のゲストをワークの受講決定に導こうという目標がありましたが、結果として23人をワークにつなげることができました。「本然の自分を感じる」ワークで※囚われの自分から解放され、自分で作った限界線がなくなったからだと実感しています。

※囚われの自分＝自己中心的な思いに囚われる自分

📖 ワークシート❶
「本然の自分を感じる」ワーク
気づきを書くことによって学びが格段に進展していきます！

① **許す**　すべてを許している自分って、どんな感じがしましたか？　しばらくそのイメージを感じ続けてみましょう。

② **愛する**　人を喜ばせて、助けてあげて、感謝されている自分って、どんな感じがしましたか？　どのような自分をイメージできますか？

③ **一つになる**　皆と一つになっている自分って、どんな感じがしましたか？　和合と一体感を感じますか？

④ **感謝する**　自然に感謝の気持ちがあふれてきましたか？　どんな感じがしましたか？　感謝と幸福を感じる自分になっていますか？

　表面上は何も変わっていないと思えたとしても、「今ここ」が、本当は自由・平和・統一・幸福の世界なのだと感じることができましたか？繰り返し取り組んでみましょう。平安とワクワクする喜びを感じたら、その思いをしばらくの間、感じ続けてみましょう。

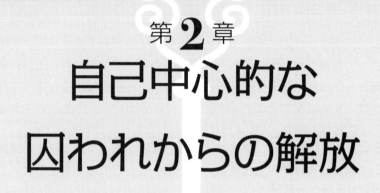

第2章
自己中心的な
囚われからの解放

1. どうしたら一つになることができるのだろうか？
心の目で相手の良心を見て、ために生きる

💎 み言

　自分一人の利益のために隣人を犠牲にするときに覚える不義な満足感よりも、その良心の呵責からくる苦痛の度合いの方がはるかに大きいということを悟るときには、決してその隣人を害することができないようになるのが人間だれしもがもつ共通の感情である。それゆえ、人間がその心の深みからわき出づる真心からの兄弟愛に包まれるときには、到底その隣人に苦痛を与えるような行動はとれないのである。まして、時間と空間とを超越して自分の一挙手一投足を見ておられる神御自身が父母となられ、互いに愛することを切望されているということを実感するはずのその社会の人間は、そのような行動をとることはできない。

　したがって、この新しい真理が、人類の罪悪史を清算した新しい時代において建設するはずの新世界は、罪を犯そうとしても犯すことのできない世界となるのである。

（『原理講論』33〜34ページ）

※心の目＝神の目　良心＝本心

2. どうしたら神を実感できるのか?
良心に従ってみ言を実践し、神の心情を感じる

◆ み言

今まで神を信ずる信徒たちが罪を犯すことがあったのは、実は、神に対する彼らの信仰が極めて観念的であり、実感を伴うものではなかったからである。

神が存在するということを実感でとらえ、罪を犯せば人間は否応なしに地獄に引かれていかなければならないという天法を十分に知るなら、そういうところで、だれがあえて罪を犯すことができようか。

罪のない世界がすなわち天国であるというならば、堕落した人間が長い歴史の期間をかけて探し求めてきたそのような世界こそ、この天国でなければならないのである。

そうして、この天国は、地上に現実世界として建設されるので、地上天国と呼ばれるのである。

(『原理講論』34ページ)

🎓 み言解説

『原理講論』33〜34ページ、総序のみ言を解説します。

人間が、互いに愛することを願っておられる神様の心情を実感すれば、自己中心的な行動はとれないということになるのです。心の目で見て、良心で感ずれば、一つになり、幸せになってほしいという神様の願いを心で感じることができるのです。

神様を頭で分かっているだけで、実感していなければ、罪を犯してしまうのです。でも、良心を見つめて、互いに一つになり、相手に幸せになってほしいという神様の心情を実感すれば、罪を犯すことはなくなっていくのです。

私たちが、神様を実感して生活すれば、罪を犯すことはなく、天国が現実に建設されるのだと、お父様は語っておられます。今、その内容を

私たちも実感をもって相続しようとしているところなのです。

　私たちは、自己中心的な思いで、嫌な人や嫌な環境をつくり出してきました。それは、本然の自分ではないのです。すべてを許して、愛して、一つになり、感謝するのが本然の自分であると気づくならば、嫌いな人、許せない人をも許し、愛していくことができます。

　堕落人間の習慣性として、自分こそが正しいという自己中心の強い観念があり、人を許すことはなかなかできないものです。しかし、許さない限り、解放されません。幸せになることができないのです。許さない限り、葛藤する苦しみは続きます。

　私たちは「家庭盟誓」で「真の愛を中心として」と8回唱えていますが、真の愛を中心としてというのは、許すことが大前提にあります。堕落性から解放されるためには、神様と同じ立場で愛することが必要であり、そのように愛するためには、まず許すことが必要なのです。

※心の目＝神の目　良心＝本心　固定観念＝我執

ワーク紹介

WORK❷「心の目で見る」ワーク

人に対して嫌な気持ちを抱いたときは……

① 真の愛を中心として正しく見させてください

② 心の目で相手の良心を見させてください

③ 良心は互いに一つになって、幸福になりたいと思っているのです

④ 一つになれないような言動をとるのは、なぜなのだろうか？

⑤ 自分の中の自己中心的な囚われ—固定観念—があって苦しんでいるのかもしれない、何か思いどおりにいかないことが何度か続いて、いっぱいいっぱいになっているのかもしれない

⑥ 自分も苦しいときには、人に対し配慮のない言動をとってしまうことがあるのではないか？

⑦ 私にもそんな未熟さ、器のなさがあるのではないか？

⑧ その人も、私も同じ悩みを抱えているのだ

⑨ 今では相手の事情・心情が見えてくる

⑩ 相手の事情・心情が分かり、助けてあげたい人であると感じるようになる

神と同じ立場で愛することができるようになる

以下の堕落性本性を脱ぐことができる自分である

① 神と同じ立場に立てない

② 自己の位置を離れる

③ 主管性を転倒する

④ 犯罪行為を繁殖する

　お父様は、全生涯を通じて心の目、良心に従って神様と同じ真の愛、親の立場で見つめ、真の愛を実践し続けられた。

🎓 WORK❷の解説

❖ 心の目で相手の[※]良心を見る

それでは、応用ということで、嫌な気持ちになったとき、どのように
してこれを克服し、心を整理していくのかということに入ります。

まず、あなたが苦手な人、葛藤する人、恐れている人を選んでください。
その人をイメージしながら「心の目で見る」ワークを行いましょう。

その人に対して嫌な気持ちがもう湧いていますね。そこであなたは、「真
の愛を中心として正しく見せてください」と心の中で自分の良心にアク
セスします。そうして、心の目で相手の良心を見つめます。心の目とい
うのは、自分の良心の目ということですね。

すると、良心は互いに一つになって幸福になりたいと思っていることに
気づくはずです。誰とでも一つになって幸福になりたい、幸せになりたい
というのが、誰もが持つ共通の感情です。ですから、相手もそう思ってい
るのです。自分と一つになって、幸せになりたいと願っているのです。

でも、そう思っていても、良心と異なった言動をとるのはなぜだろう
かと、その人の観点で考えてみるのです。その人の中に自己中心的な囚
われがあって、こうでなくてはならない、こうあるべきなのにという固
定観念があって、それができないでイライラしているのかもしれない、
苦しんでいるのかもしれない、何か思いどおりでないことが何度か続いて、
いっぱいいっぱいになって機嫌が悪いのかもしれない、そのように考え
てみるのです。

あなたも、人を憎みたくないはずです。人を嫌いたくないはずです。
ですから、その人もあなたのことを憎んだり、嫌ったりしたくないはず
です。あなたのことを無能な人間だとも思いたくありません。固定観念
やこうでなければならないという強い観念（囚われの思い）があり、そ
れができなくてイライラしているだけなのです。

※心の目＝神の目　良心＝本心　固定観念＝我執

　ですから、心の目、親の目で見つめてみるのです。そうすれば、自分も苦しいとき、思いどおりでないこと、不安なこと、できないことがあって、自分を責めたりしているときに、配慮のない言葉を言ったり、態度をとったりしてしまうことがあるなと気づくはずです。私にもそんな未熟さ、器のなさがあって、その人も私も同じ足りない存在なのだというふうに考えてみるのです。

　そうすると、相手の事情・心情が少しずつ理解できるようになってきます。そして、その人を助けてあげたいという気持ち、慈悲の心情が自分の中から湧いてくるでしょう。

❖神の立場、親の立場に立って見る

　こうして初めて、親の立場、神様と同じ立場に立って見つめ、愛することが可能になってきます。そして堕落性が脱げていくようになるわけです。

　復帰摂理においても、私たち自身の信仰路程においても、信仰基台を立てることは比較的、容易だったかもしれません。しかし、実体基台を立てるということ、堕落性を脱いで一つになることは難しく、失敗したことが多いのです。それほど堕落性を脱ぐことは難しい問題です。その理由は、「自分こそが正しい」という自己中心的な観念を持っているからなのです。だから一つになれないのです。「自分こそが正しい」と思い込んでいることに気がつかなければなりません。

　一つになりたいはずなのに、どうしてそれができないのか、どんな事情があるのか、どんな囚われがあるのか、どうして苦しんでいるのか、そんなことを考えていけば、気づくことが本当に多いのです。
　このような気づきを持てば、私たちは親の立場、神様と同じ立場に立って見ることができるようになります。そうすれば自己の位置を離れる、主管性を転倒する、犯罪行為を繁殖するという堕落性を脱いでいくこと

ができます。

　堕落性本性には、生じていった順番があります。まず、神様と同じ立場に立って見ることができなくなり、次に自己の位置を離れてしまい、それから主管性を転倒し、そうして罪を繁殖していったというのです。

　最初の、神様と同じ立場に立てないということを克服して、神様と同じ立場に立つことができたら、自己の位置を離れることも、主管性を転倒することも、犯罪行為を繁殖することもありません。

❖すべてを自分のことのように感じる

　お父様の生涯路程を見ると、幼少時代から、愛の心で全人類を見ていることが分かります。小学生ぐらいのときでも、避難民や貧しい人が来れば、家のお米を持ってきて無償で与えたり、腹を空かせている友達が来れば、畑のものを食べさせてあげたりしました。新聞記事に載った自殺した少年のことで3日間泣き明かしたこともありました。

　愛の心で万物や人類、国家や世界の行く末をも、自分のことのように感じられ、心を尽くされたお父様なのです。怨讐さえも、お父様にとって怨讐ではなく、むしろ憐憫と慈悲の心情でゴルバチョフ大統領や金日成主席にも会いに行かれたのです。その行動の根底には真の愛があります。そんなお父様と同じ視点、また、神様と同じ目で見ていったならば、私たちの堕落性も脱げるのではないでしょうか。

　お父様は「怨讐を愛しなさい」と言われます。これは本当に難しいことです。しかし、このようにして神様の目で見つめていけば、愛し難い人をも愛し、許すことができ、その人の事情・心情が分かるようになるのです。そうすれば、どんな人をも愛することができる体験をするでしょう。

　お父様の真の愛の実践は、本当にレベルが高く、自分にはとても相続

※心の目＝神の目　良心＝本心

できそうもないと思っていた方も多いのではないでしょうか？　ですが、このように神様と同じ目で見ていくならば、理解し難い人をも理解できるようになり、その人と価値観や習慣、文化が違ったとしても、その人を受け止めて、愛することができる、そんな心の姿勢がつくられていくのではないかと思います。

✱ ※「心の目で見る」ワーク実践の証し

✱夫が、大きなため息をつく事情を理解できるようになった
〔50代／女性／Wさんの実践報告〕

　私の夫は営業の仕事をしています。出勤前、部屋中に響き渡るような大きなため息をつくのが夫の習慣でした。

　私はそれが嫌で、「もっと男性としてしっかりして！」と思っていました。それで、「弱音は家庭に持ち込まず、祈祷室で整理してきて」とはっきり言っていました。

　「これは夫を責めているな」と分かったので、WORK ❷の「心の目で見る」ワークに取り組んでみました。

　①「真の愛を中心として正しく見させてください」と祈ると、夫に対する気持ちが柔らかくなるのが分かりました。それに続いて、②「心の目で相手の良心を見させてください」、③「良心は互いに一つになって、幸福になりたいと思っているのです」と祈り求め、さらに、④夫が「一つになれないような言動をとる（大きなため息をつく）のは、なぜなのだろうか？」と良心に尋ねていきました。

　すると、「会社で上司に何を言われるだろうか、これで本当に家族を養っていけるのか」という不安で苦しむ夫の姿が浮かび上がり、それでも家族のために休まず出勤する、夫の愛情が伝わってきました。

　そして、⑥「自分も苦しいときには、人に対して配慮のない言動をとってしまうことがあるのではないか？」、⑦「私にもそんな未熟さ、器のなさがあるのではないか？」、⑧「その人も、私も同じ悩みを抱えているの

だ」と感じるようになりました。すると夫の事情・心情が分かるようになり、申し訳ない思いになりました。⑨「今では相手の事情・心情が見えてくる」ようになり、結婚から25年目にして、初めて夫の事情・心情を理解し、共有できたと思います。

❀皿洗いをする私を邪魔だと言った母を※心の目で見ることができた

〔10代／男性／祝福二世／Kさんの実践報告〕

　ある土曜日の朝の話です。街頭伝道に出ようと、慌ただしく準備していました。それでも、家族のためにと思い、流しで食器を洗っていたら、隣に母が来て、「すまないけれど、邪魔だから早く行ってくれ」と言われました。

　「ために生きようと努力している息子に向かって、邪魔って言ったな……」と嫌な気持ちが湧きましたが、即座に、①「真の愛を中心として正しく見させてください」と祈り、②「心の目で相手の良心を見させてください」と祈って、心の目で母の良心を見つめる努力をしてみました。

　③「良心は互いに一つになって、幸福になりたいと思っているのです」と祈ると、「本当の母は優しい人だ」ということが思い浮かび、④今、「一つになれないような言動をとる（「邪魔だから早く行ってくれ」と言った）のは、なぜなのだろうか？」。そんな言動をとるしかない母の事情を良心に尋ねていくと、⑤「母も教会の仕事で忙しくて、頭の中がぐちゃぐちゃなんだろうな」という思いが湧いてきました。

　⑥〜⑨については、同じような立場に立ったことがないので、母の気持ちが十分には分かりませんでしたが、「そんな忙しい中でも、いつも食事を作ってくれるありがたい母だな」と感謝の思いが湧いてきました。すると、許し、愛せたという平安な気持ちで前線に向かうことができました。

※心の目＝神の目　良心＝本心

❀次男の言葉遣いの背後にある気持ちに気づいた

〔40代／男性／Mさんの実践報告〕

　小学生の次男が、私たちや先生に対して「くそやろう！」「なんだよ！」という言葉遣いを続けている時期がありました。

　「そんな言葉遣いをしてはいけない！」と注意したくなる思いが出てきましたが、①真の愛を中心に正しく見させてください、と唱えてみました。

　②心の目で良心を見つめてみると、③良心は互いに一つになって、幸福になりたいと思っている。④そうでない言動をとるのは何があったのだろうと、次男のことを思いながら良心に語りかけてみると、「寂しいんだ」という次男の心の声を感じ取ることができました。

　⑤⑥⑦⑧については、自分もそんな苦しいときは同じようなことをしたくなるな、と思えるようになりました。

　そこで、次男の好きなチーズバーガーを買ってきて、言葉遣いのことは何も言わずに「一緒に食べよう！」と言うと、次男はにっこりと笑いました。その後、荒れていた言葉遣いが直ったのです。

　神様と同じ立場、本当の親の立場に立つことで、堕落性を脱ぐことができ、本然の自分が引き出されてくることを実感しました。

「心の目で見る」ワーク
気づきを書くことによって、ワークが格段に進展していきます！

WORK❷の①～⑩までのステップを通して、心の目で相手の良心を見※ることができましたか？　親の立場で見ることで、自分の心が転換されましたか？　どのように自分の心が変わったのか、体験を書いてみましょう。

「光を投げかける」という意味について

　これまでは、霊界に行くと、神様は姿は見えず、光として見えるといわれてきました。今では、神様は真の父母の姿をもって、燦然と輝く姿で現れるといいます。私たちも地上生活で四大心情圏を完成させ、真の愛の"発光体"となることを目指して、愛する生活をしなければなりません。家族や隣人に愛の心をもって接し、絶えず感謝の言葉を伝えてみましょう。温かい神様の愛の光で一つになっていることを感じながら、さらに「ありがとう」と感謝の言葉を投げかけてみましょう。

※心の目＝神の目　良心＝本心

3. 堕落性—自己中心的な囚われ—からの解放
～愛することは許すこと～

💎 み言

　　　　人を疑えば、苦しみを覚え
　　　　人を裁けば、耐えがたくなり

　　　　人を憎めば、もはや私に存在価値はない
　　　　しかし、信じてはだまされ
　　　　今宵、手のひらに頭を埋めて、苦痛と悲しみに震える私

　　　　間違っていたのか。そうだ、私は間違っていた
　　　　だまされても、信じなければ
　　　　裏切られても、赦さなければ

　　　　私を憎む者までも、ひたむきに愛そう
　　　　涙をふいて、微笑んで迎えるのだ
　　　　だますことしか知らない者を
　　　　裏切っても、悔悟を知らない者を

　　　　おお主よ！　愛の痛みよ！
　　　　私のこの苦痛に目を留めてください
　　　　疼くこの胸に主の御手を当ててください
　　　　底知れぬ苦悩に心臓が張り裂けそうだ

　　　　されど、
　　　　裏切った者らを愛したとき
　　　　私は勝利を勝ち取った
　　　　もし、あなたも私のように愛するなら
　　　　あなたに栄光の王冠を授けよう

　　　　（『平和を愛する世界人として』光言社、68～70ページ「栄光の王冠」）

🎓 み言解説

お父様は16歳（数え）のとき、神様からの召命を受け、その後この詩を書かれました。「人を憎めば、もはや私に存在価値はない」というみ言が、非常に印象的です。人を憎んだり、嫌ったり、責めたりするのは私たちの創造本性に反することなのです。ですから、「存在価値はない」ということになるのです。

❖ 愛することは、まず許すことから始まる

「基元節」以降、四大聖物（聖酒、聖塩、聖燭、聖土）の伝授と、天一国の入籍が行われましたが、「罪の痕跡のない本然の姿、影のない姿になる」「真の愛を相続する」とはどういうことなのでしょうか。それを実感できる生活をするには、まず許すことから始めなければなりません。

理解し難い人、愛し難い人に対しては、どうしても理解できない、許せないと感じることもあるでしょう。しかし、心の目で見ながら、どんな人をも許して、愛して、一つになっていかなければなりません。そうしてこそ、私たちの身近な問題が解決できるようになり、ひいては今日の社会、世界のさまざまな問題も解決していくことができるのです。真の父母様の生涯は、それに取り組んでこられた歩みなのです。

ですから、真の愛を相続するといっても、まず許し、愛するという実践がない限り、自らの心が平安に至るとか、家族や人と一つになるとか、自分の人生や社会が幸福になるといった、理想（世界）を迎えることはできないのです。嫌な気持ちを持っていることに気づくことは、許すことの大切さを教えてくれているのです。古い因習的な観念に囚われすぎ、自己中心的な固定観念によって人や周りを責め続けることによって、幸せを遠ざけていることに気がつかなければなりません。

さて、堕落性を脱ぐためには、自己省察をして、自分の中に善を指向する良心と、悪を指向する邪心があり、二つの心が激しく闘争していることに気づくという段階に入っていかなければなりません。

※心の目＝神の目　固定観念＝我執　良心＝本心　光＝神の愛

WORK❸「良心に気づく祈り」のワーク

　「私」は、本心と邪心が闘争する状況に打ちのめされ、気が動転して、その苦しみを増大させ、泣き叫び続けることもできます。

　その反面、自分の内面の状況を、冷静に客観的に見ることができる自分もいます。この闘争する状況を克服し、それに引っかからず、平安を勝ち取って、本心と邪心の闘争を終結させることもできます。

　本然の自分は、果たしてどっちなのだろうか？
　私はどちらの心を選択したいのだろうか？

　「良心に気づく祈り」のワークをすれば、良心の叫びが「私は自由の生命です。真の愛の発光体です。自由と平和と統一と幸福を私は求めています」ということに気づきます。

　私はもう引っかかりません。
　真の父母様が言われる、許し、愛し、一つになり、感謝する道を選択します。天地人真の父母様、私は神様の真の愛を実践する天一国の真の主人になります。

　平安な光[※]に満たされた自分を、しばらくの間感じ続けてみましょう。

🎓 WORK❸の解説

嫌なことを言う人が私の目の前に現れた場合、その人の言葉に引っかかってしまい、大げんかをすることも、相手を罵倒することもできます。しかし、相手の言動に囚われず、「どうしてそんなことを言うのだろうか？　どういう事情があるのだろうか？　何が思いどおりにならなくて、そんな嫌なことを言っているのだろうか？」と、即座に「良心に気づく祈り」※のワークをしていけば、どんな "囚われの自分" があるのかが分かり、心の目で見ることができるようになり、その人の言葉に引っかからなくなるのです。

ゆえに、私がどちらの道を選択するのかが重要です。「自分こそが正しい」という思いに囚われて、相手を攻撃する邪心を選択するのか、それとも「相手を許し、愛し、一つになり、感謝しよう」とする良心を選択するのか。すなわち、愛と許しの道を選択するか、嫌うという思いを選択するかなのです。

自己中心の思いに囚われれば、授受作用がうまくいかず、周りの人との亀裂や摩擦が生じ、生活において "恐れ" が生じてきます。亀裂や摩擦を放置し、愛することができなければ、「自分はどう思われるだろうか、何を言われるだろうか、どう評価されるだろうか」、そんな "恐れ" を中心とした生き方、生活になってしまうかもしれません。

愛せない人をも愛することを通して、理解できない人をも理解して喜びを得たい、周りの人に喜んでもらって、さらにみんなに幸せになってほしいという本然の心情を中心として一つになる世界、そういう動機で生きるのが、本然の私たちの生活であるはずです。

私たちはみな、良心ではこのようなことを知っているのです。思いどおりにいかないことに直面したり、対人関係で恐れるような不安に囚われたりしたときでも、そんな囚われの思いの向こう側には、光（神の愛）

※良心＝本心　囚われの自分＝自己中心的な思いに囚われる自分

46

に満たされた平安な自分がいることを信じて、その "恐れ" の状況を、「良心に気づく祈り」のワークを通して克服しなければなりません。そして、すべてを優しい笑みで許し、愛し、一つになり、感謝している、そんな平安な、光り輝く発光体の自分になることを信じるべきなのです。そうすると、すべてがうまく導かれるようになっていくのです。それは本当に不思議なことだと言わざるをえません。

　「良心に気づく祈り」のワークをすれば、誰もが本然の自分を感じ取っていくことができます。そんな本然の自分がいることに気づき、天一国の真の主人として成長し、完成していきましょう。

✾「良心に気づく祈り」のワーク実践の証し

✾自分の中の2つの声

〔40代／男性／Nさんの実践報告〕

　私には小学生の子供が4人います。家の中は無法地帯です（笑）が、子供は22時には寝る、ということを最低限のルールとして決めています。
　あるとき仕事が終わって、珍しく22時前に帰ることができた日のことです。明日も早いし、早く寝たいなと思いながら自宅のドアを開けたら、三女がニコッと笑って、玄関の前に立っていました。
　「なぜ寝てないんだよ！　父親が決めたルール守れよ！」と烈火のごとき怒りが湧いてきました。いかに懲らしめてやろうかと考え始めました。
　しかし良心は、「誰が22時に寝なければならないと決めたのか！」と言ってきました。「子供は、いつも帰りが遅いおまえをこの時間まで待っていたんだ」と言うのです。「この子のために、親らしいことをしてこなかったじゃないか」と。
　この2つの声を自覚したとき、「私は許し、愛し、一つになる道を選択します！」と心に宣言したところ、怒りが去っていきました。その後、娘をコンビニに連れていき、久しぶりに親子の時間を持ち、楽しい時間を過ごせました。

❋囚われている自分に気づく

〔20代／女性／Tさんの実践報告〕

　伝道のチームでミーティングをしていたときの話です。

　メンバーに対して、「話の進め方の要領が悪いな、まとまらないな。他愛もない話ばかりで時間が無駄だ！」という冷たい思いが出てきました。

　一方では、み旨を歩むメンバーと共にいるというだけで、「貴いな」という平安な思いもあるのです。

　「この冷たい気持ちはどこからきますか？」と良心※に尋ねてみたら、大学生時代、いつも時間に追われてみ旨と学業に忙しかったことが思い出されました。「やれることからやらないと、とても間に合わない。無駄な時間を過ごすことなど許されない」というかたくなな思いでいつも必死になっていたのです。

　このような過去の経験からいつもあせる気持ちをつくり出し、どんなときにでもここにある平安と天国を選択できていない自分であることを認識できました。「私はこの思いに引っかかりません！」と宣言して、本当の自分の思いを選択していったところ、皆が精一杯頑張っている気持ちが伝わってきて、チームで一つになって勝利したいという心情に転換されました。

❋客観的に自分を見て、平安な自分を選択できた

〔20代／女性／Iさんの実践報告〕

　伝道活動をしているときのことです。その日はナーバスな気持ちになりながらも、そうならずに頑張ろうと歩んでいました。

　ある女性が急いで歩きながら話に応じてくれましたが、「いったい何？」と煙たがられたような状態のまま、駅の改札口の向こう側に行ってしまいました。

　私は独りぽつんと取り残された感じがして、ひどく寂しい気持ちになり、駅の隅っこで泣き始めてしまいました。

※良心＝本心

　しかし、体は泣いているのですが、一方ではそれを客観的に見ている自分がいることを感じました。「おまえの本当の気持ちはそうじゃない、涙は止められるはずだ」という思いが湧いてきたので、そちらの思いを選択してみました。

　泣き終わったら、とてもすっきりしていました。以前はこのようなときずーっと寂しい気持ちに引きずられていましたが、そのときは平安な自分を選択できました。今まで許せなかった人も、一気に許せたという実感がありました。

　いつも良心を選択できるように、努力を続けます。

📖 ワークシート❸
「良心に気づく祈り」のワーク
気づきを書くことによって、ワークが格段に進展していきます！

　嫌な気持ちになったとき、それを冷静に客観的に見ている自分に気づきましたか？　本然の自分の存在を思い描き、人を許し、愛し、一つになり、感謝するほうを選択することができましたか？　その体験をいくつか挙げてみましょう。

1

2

3

　これからも、人を愛せないという嫌な気持ちに気づき、光に満たされている本然の自分を選択していきましょう。

※良心＝本心　光＝神の愛

WORK❹「良心を選択する祈り」のワーク

1. 囚われているときの状況をイメージしながら次の言葉を唱えてください。

神様は真の愛の本体です。
そこに自由と平和と統一と幸福があります。
私は平安と喜びを求めています。
それは幸福になりたいからです。
神様は平安と喜びと幸福の源泉です。
そんな第二の神様が私の心の奥底にいらっしゃいます。
それが私の良心です。
もう目の前のこと（嫌なイメージ）に引っかかりません。
これは私の堕落性であり、囚われの思いです。
私の本質は神様の真の愛です。
自由と平和と統一と幸福の世界が、私のただ中にあったのです。
神様、真の父母様、ありがとうございます。
私は、真の愛を実践する天一国の真の主人になります！

2. 現実に、嫌なことが目の前で起こっても、上記のように唱えて、自己中心的な思いに引っかからなかったことを体験してください。

🎓 WORK❹の解説

　このとおりに祈らなくてもよいのですが、このような内容の祈りを通して、自己中心的な思いに囚われて苦しんでいるのは、本然の自分ではないことに気づき、本然の自分（良心）を選択することが重要です。祈ってもなかなか嫌な気持ちから解放されなければ、もう一度、「本然の自分を感じる」ワーク（21ページ）をしてみてください。

　すべてを許している自分って、どんな感じがするだろうか？
　すべてを愛している自分って、どんな感じがするだろうか？

　そうすると、心が平安になって、ワクワクしてきて、一つになり、感謝している、そんな本然の自分の姿が思い起こされてきます。すると嫌な気持ちが解けてきて、なくなってくるでしょう。

　もし嫌な気持ちになったとすれば、何かに囚われているせいなのかもしれないと気づくことが大切です。そして、それを悔い改めて、本然の自分を見つめ続けていくのです。これが自己主管に至るための第一歩です。そして天一国の真の主人の基本なのです。「家庭盟誓」で「真の愛を中心として」というのは、まず許すことであり、愛することであり、一つになり、感謝することなのです。

✿ 「良心を選択する祈り」のワーク実践の証し

❀「このことには引っかかりません」

〔60代／女性／Gさんの実践報告〕

　私は半年くらい前から、息子夫婦と同居するようになりました。
　それまでは息子の嫁と良い関係を維持していましたが、毎日一緒となると考え方の違いもよく見えるようになり、「なぜこんな当たり前のこと

※良心＝本心　固定観念＝我執

52

ができないのか」という思いが頻繁に湧き起こってきて、悩み苦しむようになりました。

　自己牧会プログラムを学んでみて、これはと思い、ワークに取り組むようになりました。

　最初、私は自己省察がうまくできませんでした。なかなか固定観念を手放せないのです。そんな中で礼拝に参加した際に、「良心を選択する※祈りをするとよい」という内容が与えられたので、2週間続けてみたところ、固定観念に気づくことができるようになりました。

　さらに、「このことには引っかかりません」という祈りを続けていくと、嫁のやることが気にならなくなりました。

　「あなた（嫁）が変わりなさい」という思いよりも、「私が変わっていくことが大事だ」という思いが強くなりました。祈りの力の恩恵を感じています。

❀主人との言い合いを祈りで転換

〔50代／女性／Aさんの実践報告〕

　主人と会話していたときの話です。

　何かにつけて、主人は私に「今、こう言っただろう」と言い、「言ってないわよ！」と答えた私に、主人は「いや、言った！」と言い張り、つまらない言い争いになっていました。

　主人は「自分の言ったことも覚えてないんだから……」と私を責めてきて、とても嫌な気持ちになり、「うるさい！　くどい！　どっちだっていいでしょ！」と叫びたくなりました（叫ばなかったのですが）。

　その時、「良心を選択する祈り」のワークをしました。「神様は真の愛の本体です。目の前のことに引っかかりません」と唱えていくと、すっと楽になり、主人も「別にどっちでもいいんだけれどね」と表情が柔らかくなっていました。

　「良心を選択する祈り」のワークによって心を転換できるんだと、生活の中で初めて体験しました。

※宣布すると過去を乗り越える力が与えられる

〔30代／女性／Kさんの実践報告〕

　良心と邪心という2つの自分の心に気づいて、「良心を選択する祈り」のワークに日々、取り組んでいます。

　良心の声を聞いていると、自分のことを心配してくれたり、こうしてみたらいいよとアドバイスをくれたりしますが、一方では、そうしたくない気持ちもまた、私の中にあることを感じます。

　過去の思い出がこびりついていて、かつての記憶から、また傷つくのではないか、という不安と恐怖が湧いてくるのです。「この思いに引っかかりません」と唱えることで、だいぶその不安と恐怖を取り除けるようになってきました。

　もうその時とは違うし、前に進んでいい、だから大丈夫と思えるようになります。道はできているのに、それに気づかず、自分であきらめていたんだなと分かりました。「この思いに引っかかりません」と宣布してしまうことで、過去の不安と恐怖を越えていく力が生まれることを感じています。

※良心＝本心

📖 ワークシート❹
「良心を選択する祈り」のワーク
気づきを書くことによって、ワークが格段に進展していきます！

①嫌な感情が引き出される状況をイメージしながら、「この思いに引っ
　かかりません」と祈り、心を準備します。自分の心が平安と優しさに
　シフトできましたか？

②実際に嫌な気持ちになる状況に直面したとき、「この思いに引っかか
　りません」と祈り、その嫌な気持ちに引っかからずに越えられた体験
　ができましたか？　それをいくつか書いてみましょう。

・

・

・

　嫌な気持ちに主管されるために起こる不安と恐怖に気づき、（許し、愛し、
一つになり、感謝する）本然の自分を選択できるようになりましょう。

WORK❺「固定観念に気づく」ワーク

　自分の中に、自己中心的な「〜あるべきだ」「〜でなければならない」という固定観念がいくつもあります。どういうときに、どんなことに対して、どんな人に対してそのような気持ちが表れてくるでしょうか？　書いてみましょう。

1.

2.

3.

　上に挙げた内容があなたを不快にさせています。嫌な思いは手放すべきであり、上に書いた性質が自分にあることを教えてくれています。嫌な思いにさせるのが堕落性であり、本然の自分ではありません。本然の自分は良心を中心に生きる自分であり、愛と許しと平和な心で生きるべきです。

※固定観念＝我執　良心＝本心

🎓 WORK❺の解説

　私たちの堕落性を根本的に整理していくためには、嫌っている人、憎んでいる人、恐れている人に対して、その人の個性はそのままでも大丈夫だと思えるようになっていくようにすればよいのです。

　相手を変えようと要求するから苦しいのです。自分を中心に、相手を思いどおりにしようとするから、葛藤が激しくなって恐れを感じるのです。まず自分が変わらなければなりません。そしてその人の個性をありのまま受け入れ、許し、愛することができるようになれば、苦しみや葛藤は消えていくのです。

❖「自分だけが正しい」という強い観念

　そこで、自分にとって苦手な人、恐れている人、嫌っている人を許して、愛していく、受け入れていく、そういうワークを行います。

　『原理講論』の中に、因習的観念、古い観念に縛られているという内容があります。それと同じように、こうあるべきだ、こうでなければならないという過去から培った（因習的）観念が私たちの中にもあります。そしてそれが高じると自己中心的観念になってしまうこともあります。

　こうした観念は、先祖から受け継いだ因習や、親や職場の人、先生にずっと言われ続けてきたことから形成されることもあります。そのほとんどは、「私」を守るために、あるいは世の中で生きていくために「私」に必要なこととして教えられてきたものが多く、決して悪いものばかりとは言い切れませんが、自己中心の因習的観念になりやすいのです。

　しかし、世の中で生きていくために必要な観念であっても、時代が変わり場面も人も変わっているのに、その観念に執着し続け、それを通し

て自分や他者を否定するようになれば、自分や他者を不幸に陥れることにもなりかねないので、気づくことが大切です。

　人間関係において、自分の思いどおりにならない人を見ると、嫌な気持ちが湧くこともあります。そこには許そうとする思いがありません。「自分こそが正しい」という自己中心的な強い観念があります。だから、けんかになるのです。なぜなら、なかなか許すことができないためです。これを繰り返しているのです。

　「自分が正しい」という思いは、もともと悪いものではありません。ただ、それを通して、他者を否定し始めれば、その思いは、非建設的な分裂や葛藤を生み出しかねません。

　いつまでそのような闘争と葛藤と悲劇を続けるのでしょうか。私たちは死ぬまで続けるのでしょうか。死んで霊界でも続けるのでしょうか。
　そのような愚かなことはやめるべきでしょう。ですから、自分の中にある自己中心的な強い思いを変えていかなければなりません。神様の心で、神様の目で相手の本性を見て、許していかなければならないということです。

　自分中心の観点からでは、なかなか許せないものです。自分こそが絶対正しいと思っているのですから、そのような観点からは難しいのです。しかし、私たちはお父様から、「真の自分」という、本然の自分を教えていただいています。ですから、この観点で見れば解けないものはありません。許せない人はいないのです。

❖嫌な気持ちは、手放すべき性質（堕落性）が自分にあることを教えてくれる

　そこで、嫌な気持ちを感じる人や、その状況について書き出していき

※良心＝本心　固定観念＝我執

58

ます。書き出す内容は、あなたを主に不快にする内容になります。嫌な気持ちは、手放すべき性質（堕落性）が自分にあることを教えてくれているのです。これは本来あるべき自分の姿ではありません。本然の自分※は良心に基づいた生活をする自分であり、許しと愛と平和な心をもって生活する自分なのです。

　親子関係においても、例えば自分を中心として、「子供はこうあるべきだ」、「こうでなければいけない」という要求の思いがあります。子供の事情を考えず、心情を共有していないのに、ただ何時に寝るべきだとか、親にそんなことを言うべきではないとか、こういうときはこうしなければならないという、固定観念※があるのです。しかしそうなると子供はなかなか言うことを聞きません。ですから、うまくいかないと、かっとして怒りをぶつけてしまいます。そして、親の思いどおりにしようと、子供に要求します。そうしたら、子供は反発するのです。

　そういう状態をそのままに放置していれば、悪循環、堂々巡りになります。許してはいけないという固定観念から、さらに怒り続けるようになるのです。

　そうすると、子供は、元気がなくなり、そのうち反発して凶暴になり、非行や暴力などに訴えてくることもあり得るのです。そして、自立する頃になると、親をばかにして、言うことを聞かないようになっていくものです。もしくは自尊心を失って、引きこもりになることもあり得ます。

❖固定観念を手放そう

　前述したような状況に陥ってしまうのは、自己中心の固定観念から相手を変えようと、その人に要求し続けたからなのです。親としては、子供のためにと思ってやっていることかもしれませんが、子供の立場からすれば、そうは見えない場合が多いのです。本当は、親も子供も共に仲

良く、楽しく、幸せに生きたいと思っているはずです。しつけは重要ですが、子供と心情を共有することがもっと重要なのです。

　その子の良心※を引き出すために、子供が喜び、自尊心を持つことができるような何かの配慮をすることができればよいと思います。そうしたら、互いに仲良く一緒にやっていく、そういう生活ができてくると思います。

　この「自己牧会プログラム」を学んだことによって、固定観念※から子供を叱（しか）るのをやめて、親子関係が良くなったという人が本当に多いのです。この内容を学んで、家庭内で実践することで、その日から親子関係が劇的に改善したという人も多いのです。

　またそれをきっかけに、子供が「祝福」に導かれたという証しも多くあります。「祝福」と聞いただけで「もうやめてくれ」と言っていた二世も、お母さんがその子供を本当に受け入れて、心情を共有するようになると、すぐに変わっていったといいます。

　こういう内容をもっと早く知りたかった、子供が小さい時に聞きたかったと言われるお母さん方が本当に多いのです。でも、固定観念から周りの人に要求し続けてきた自分であることに気づき、「良心を選択する祈り」のワークをしていけば、今からでも遅くはありません。たとえ子供が50歳になっていたとしても、本然のあるべき親子関係のありがたさをしみじみ感じることができ、その思いが子供にも伝わるはずです。

　また、夫婦関係が激変したという家庭の証しも多くあります。家庭内別居していたり、訳あって夫婦関係が難しかったりした方もいます。今まで、ずっと夫が悪いと思い込んで責め続けてきた妻も、「良心を選択する祈り」のワークを通して「そうではなかった」と気づいたというのです。夫をありのまま受け入れよう、夫ばかりを責めないようにしよう、このように考えることで、夫との関係ががらりと変わっていくというのです。

※良心＝本心　固定観念＝我執　心の目＝神の目

❖本当は一つになりたい

　相手を憎み、葛藤していたのは、「自分だけが正しい」と思っていたからであり、「相手こそが間違っている」と思っていたからなのです。本当はそうではなく、相手を受け入れることができず、許し、愛していなかったからだということに気づいて、心の目で見る※ことができるようになるのです。

　教会や親に反発してきた二世も、この「自己牧会プログラム」を実践すると、親も固定観念に苦しんでいたのだと悟り、また教会の責任者も、そして自分自身も固定観念で苦しんでいたと気づき、相手を許せるようになっていくのです。

　心と心、本心と本心で、互いにつながりたいと願う、そういうときを迎えているのです。本当はみな、一つになりたいと願っているのです。

　相手が変わるのは難しいと思っていたのは、「自分こそが正しい」と思って、相手に要求していたからなのです。固定観念を持っていたので、夫婦も親子も一つになれなかったのです。強いて言えば、民族間、国家間もそうなのです。本当は一つになりたいという、良心に問いかけ、心の目で見れば、真の父母様のように怨讐をも許して、一つになる道が開かれてくるのです。

✻ ※「固定観念に気づく」ワーク実践の証し

✻ 子供との関係が良くなりました

〔30代／女性／Mさんの実践報告〕

のんびり屋の小学生の娘との話です。私は彼女のマイペースな姿を見ているとイライラしてきます。

朝から「早く起きて、ご飯を食べなさい！　早く着替えて！　何しているの！」とせかして、学校から帰ってくると「宿題は？」「ちゃんと座って、早くご飯食べて！」「早くお風呂に入りなさい。いつまで起きているの？」一日を振り返ってみると、自己嫌悪になるほど、娘を追い立てていました。

そこで「固定観念に気づく」ワークをしていると、「時間主管をしなければならない」という自分中心の価値観に囚われている自分があることに気づきました。

勇気を持って、娘に「お母さんはもううるさく言わないようにするから、自分で考えてしてね」と言ってみました。すると、時間はかかるし、見ていてやきもきすることも多々ありますが、ちゃんと娘のペースですべきことをする姿を見ることができ、平安と喜びの思いに導かれました。

✻「自分こそが正しい」という囚われに気づいて、大転換！

〔50代／男性／Mさんの実践報告〕

私はみ旨でも社会でも、責任ある立場を与えられてきました。しかし、そこで抱える心の葛藤を解決できず、より生活を改善するための手法（ノウハウ）を求めて、あるときには他宗教や、力のあるヒーラーを求めていました。

しかし根本的解決には至らず、葛藤が頂点に達しようとしていたちょうどそのとき、「自己牧会プログラム」に出合ったのです。

「天宙主管を願う前に自己主管を完成せよ」のみ言が示している自己

※固定観念＝我執　良心＝本心

主管を妨げている心は自己中心の思考のことであり、「自分こそが正しい」と思う囚われの気持ち、人に対して「こうあるべきだ！　こうあらねばならない！」という思い込みは、堕落性からくるものであり、邪心そのものであるとの言葉を聞いた時、すべての疑問が解け、涙があふれました。

このとき私の人生は、大転換しました。今は週2回、朝から夕方まで伝道に参加しています。1年で2人の伝道対象者が与えられ、教育部卒業の段階まで来ました。二世の再復帰にも力を注いでいます。

その後も、「人生の目的は許すことにある」という良心の声を聞くことができ、深いワークを体験しています。

❁硬い鎧（よろい）を脱ぎました

〔60代／女性／Kさんの実践報告〕

私は保険の会社で営業部署の管理職をしています。毎月、結果を求められる立場にいますから、それこそ必死に働いてきました。

部下を見ると、いつも「なぜこんなことも分からないのか！」という思いになって裁いてばかりいました。「私の言うとおりにさせなければ、この部下は大変なことになる、だから私は強くあらねばならない」という思いに突き動かされている毎日でした。

「固定観念に気づく」ワークの話を聞いて、「上司は強くあるべきもの」という、上司として当然だと思ってきた自分本位の姿勢こそが固定観念であると気づきました。それが近寄り難い雰囲気を醸し出し、部署内にギスギスした雰囲気をつくっていたことに気づきました。

この固定観念の硬い鎧を脱いでいくと、今度は部下の長所や頑張る姿が見えるようになり、部下をありのままに受け入れることができるようになりました。部署の雰囲気も良くなってきて、そのことで何よりも自分が解放されました。部下からは「優しい方だったんですね」と言われるようになりました。人との和は、まず自分が持っている固定観念に気づくことから始まると実感しています。

📖 ワークシート❺
「固定観念に気づく」ワーク
気づきを書くことによって、ワークが格段に進展していきます！

**自分にはどんな強い囚われの思い、固定観念がありますか？
書いてみましょう。**

①

②

③

④

⑤

⑥

⑦

　上記の囚われの思い、「自分こそが正しい」という思いを手放して、人を許し愛して受け入れることができたならば、どんなに毎日が楽しくなり、囚われの自分が解放されることでしょうか？　どんな人をも許すことができたら、本当の自分に近づいていくことができます。

※固定観念＝我執　囚われの自分＝自己中心的な思いに囚われる自分　光＝神の愛

WORK❻「堕落性―自己中心的な囚われ―を脱ぐ」ワーク

WORK❺「固定観念に気づく」ワークで挙げた自分の囚われ―固定観念―について、下記のワークを当てはめましょう。

① 嫌な気持ちの背後には、「〜あるべき」「〜でなければならない」という強い自己中心の囚われがある。それを悔い改めていく。
「○○でなくても大丈夫」
「○○でもよい」
「○○してもいい」
少しの勇気と決意を持って受け入れ、悔い改める。

②「思いどおりでなくても大丈夫」と心の中で唱える。

③その人、その状況の良い面を見つけ出して感謝する。
「○○だけど、○○な良い面がある。○○について感謝している。だからありがたい」と言ってみる。

④そして真の愛の光を投げかけ、その光[※]が共鳴して一つになっていることをイメージしてみる。「○○さん、お元気ですか？」「大丈夫ですか？」と投げかけてみる。

　何かの応答を感じましたか？　何と返ってきましたか？　もう一度光が共鳴して、感謝によって一つになっていることをイメージしましょう。

🎓 WORK❻の解説

❖「○○でなくても大丈夫」

　ここまで許すことの大切さ、相手や自分の本性を見ることを学んできているので、こういう内容に対しても受け入れる土壌ができていることと思います。

　相手を否定すれば、自分が苦しみます。まず許すことです。ですから、自分の思いどおりにならなくても大丈夫、その人が何か違うことをしていても、それでも大丈夫だと、少しの勇気と決意を持って受け入れて、相手を否定しなくなれば、心が平安になります。

　人を否定し続ける限り、自分も苦しみ続けます。許して、受け入れることができれば、その人の本当の良さが見えて愛することができます。その人が嫌な人に見えるのは、「私」が嫌な人に見えるような囚われの思いを持ってその人を見つめているからなのです。私たちの見つめ方が間違っているのです。
　堕落性というフィルターを通して、「自分こそが正しい」という価値観を押し付けて相手を見ているので、その人が嫌な人に見えるのです。その人も神様が愛している人だというのが真実なのです。

❖「思いどおりでなくても大丈夫」

　私たちは、「家庭盟誓」で「真の愛を中心として」と唱えていますが、現実では全く違う生活をしているのです。一つ一つの相手の行動に引っかかって、「どうしてあの人はあんなことをするのだろう、どうしてあんなことを言うのだろう」と嫌な思いに囚われているのです。心が自由と平和と統一と幸福になっていないのです。
　「自分こそが正しい」と思っているので、すべてに引っかかって、葛藤

※良心＝本心

し続けるのです。そのような状態のままでよいのでしょうか。それでどうして天一国の真の主人だといえるでしょうか。

　相手を自分の思いどおりにしようという、「自分だけが正しい」という観念を本当に脱ぎ捨てていって、兄弟姉妹をあるがままに、神の子女として受け入れていく、そんな囚われの思いから解放された自分を取り戻していかなければなりません。

　相手を嫌だなと思ったら、「思いどおりでなくても大丈夫、思いどおりでなくても大丈夫だ」と自分に言い聞かせれば、心は平安になっていきます。相手をそれ以上、否定しなくなります。

❖自己主管するとは、神様を中心とした生心と肉心の授受作用により、合性一体化した「本心」が、肉身を主管して生活すること

　自己主管というのは、神様を中心とした生心と肉心の授受作用により合性一体化した「本心」が、肉身を主管することです。良心を中心として自分が許すことができれば、相手を受け入れると思考すれば、生活はそのごとくになります。

　それでも大丈夫なのだと思えば、それ以上相手を否定しなくなります。良心に従って生活するようになるのです。そうすれば心が楽になります。どんな人をも受け入れられるようになるのです。

　お父様は、「この肉身め」と身もだえするのだと言われました。生理的な欲望だけに従っていると、良心は喜ばない、だから間違っている、身もだえするのだというみ言があります。

　とにかく、「自分だけが正しい」という観念があらゆる面において強いので、「思いどおりでなくても大丈夫だ」と許す気持ちがとても大切になってくるのです。

「思いどおりでなくても大丈夫だ」という言葉を心の中で唱えるだけで、相手を責めることをやめるようになります。ありのままを受け入れるようになります。そうすると平安が訪れてきます。対人関係が格段に良くなります。関係が良くなれば、「もっとこうやったらいいよね」と方向性を示し、心が通い合い一つになった土台の上で、神の願う正しい方向へ導くこともできます。

　家庭の中でも、氏族、民族、国家、世界においても、そのようにしていかなければ、人種、民族、文化、宗教、理念の異なる人たちを本当の意味で一つにすることはできないのです。

❖「○○だけど、○○な良い面がある。だからありがたい」

　私たちは、なぜ嫌いな人がいるのでしょうか。それは、その人を一面的にしか見ていないことが多いからです。昔、嫌な思いをしたことを忘れられずに、そのことに囚われてずっと恨み続けているのです。恨み続けることで、果たしてその人が変わるでしょうか。恨み続けても、絶対に変わることはありません。むしろ恨み続けることによって、苦しむようになるのは誰でしょうか。ほかならぬ、自分自身なのです。ですから、そのように恨み続けることはやめなければなりません。自分のためにもやめるべきです。

　必ず、人には良い面があります。人間には創造本性がありますから、たとえ嫌な人であっても、その人にも功績や頑張り、努力、お世話になったこと、感謝すべきことなど、素晴らしい面が、1つや2つは必ずあるでしょう。心の目をそこに向け、「○○だけど、こういう良い面がある。だからありがたい。感謝している」と、そのように心の中で唱えてみましょう。

※心の目＝神の目　良心＝本心　光＝神の愛

❖真の愛の光を投げ放つ

　前述してきたように考えて、その人の良心※に向かって光を投げ放って
みてください。そうすると、「その人にもこういう良い面があった、こうやっ
てお世話になった、助けてくれた、だからありがたい。あなたが幸せで
ありますように、生涯素晴らしい人生となりますように、ありがとうご
ざいます」と、光を投げて、一つになっていくことを感じ続ければ、嫌
な気持ちが本当に小さくなって、良き交流をなし、一体化していく道が
開けてくるでしょう。

　人に対して抱く嫌な気持ちに気づき、それが自己中心の囚われの思い
（堕落性）なのだと悟って、本来あるべき本然の自分を思い描き出すこ
とが必要です。

　改めて、皆さんに聞きたいと思います。

**　本来あるべき本然の自分は、どう思っているのでしょうか？**
**　もう許しているのではないでしょうか？**
**　もう愛しているのではないでしょうか？**
**　もう一つになっているのではないでしょうか？**
**　すでに感謝しているのではないでしょうか？**

　結局は、水晶のような本来あるべき本然の自分の心、それを求め続け
ていきましょうということです。

　良かったですね。嫌な気持ちは本然の自分の姿ではないという事実を
知って、自由と平和と統一と幸福を謳歌する、本然の自分がいることが
分かったので、良かったのです。そういう自分を日々、感じ続けて生活
するのです。まずはその平安を、20秒でも、数分間でも、感じてください。

　そうすれば、天の恩恵があなたに降り注がれ、人の言葉や表面的な現
象に囚われないで、神の愛とともに平安に過ごすことができるようにな
るのです。

📖 ワークシート❻
「堕落性―自己中心的な囚われ―を脱ぐ」ワーク
気づきを書くことによって、ワークが格段に進展していきます！

① 「○○でなくても大丈夫」「○○でもよい」「○○してもよい」と自分
　に許可することによって心がどう変わったか、体験を書いてみましょう。
　　　・
　　　・
　　　・

② どのような状況で「思いどおりでなくても大丈夫」と唱えてみましたか？
　　その結果、心はどう変わりましたか？
　　　・
　　　・
　　　・

③ あの人は「○○だけど○○な良い面がある、○○について感謝して
　　いる、だからありがたい」と思うことを、3つ書いてみましょう。また、
　　今置かれている自分の状況に対しても、3つ書いてみましょう。
　　　・
　　　・
　　　・

④ ③の人、状況や自然、万物などに対して、愛の光を投げかけながら、
　　あいさつをしてみて、どのような答えが返ってきましたか？　共鳴す
　　るように取り組んでみて、どのような反応が起こりましたか？　温かさ、
　　平安を感じれば、しばらく「堕落性―自己中心的な囚われ―を脱ぐ」ワー
　　クをし続けてみてください。

（注）『原理講論』に、「人間を中心とする被造世界の場合も……人間が存在することによって初めて、動植物や水陸万象や宇宙を形成しているすべての星座などの正体が区別でき、それらが人間を中心として、合目的的な関係をもつことができるのである。……物質から形成された人間の生理的機能が、心の知情意に完全に共鳴するのは、物質もやはり、知情意に共鳴できる要素をもっているという事実を立証する」（59〜60ページ）とあるように、森羅万象、自然界には、人間の心（性相）と共鳴する部分があるのです。

　聖書にも、「被造物は、実に、切なる思いで神の子たちの出現を待ち望んでいる。……被造物全体が、今に至るまで、共にうめき共に産みの苦しみを続けている」（ローマ人への手紙8・19〜22）とあり、イエス様も「もしこの人たちが黙れば、石が叫ぶ」（ルカによる福音書19・40）と語られているように、万物（や物質）にも人間の心（性相的部分）に共鳴する性相的部分があることを裏付けています。

　真のお父様も、自動車に対して愛の心で接して主管すれば壊れることはないと語られ、洋服に対しても粗末に扱えば「ごめんなさい」と語りかけるべきことを述べておられます（『人の生涯』249〜250ページ）。

　万物や森羅万象に「光」（愛の心）を投げかけるワークをすることは、本然の愛（神様の愛）で万物と接することをいうのです。

「堕落性─自己中心的な囚われ─を脱ぐ」に関するよくある質問と答え

Ｑ 「嫌な気持ちになること」はすべて悪なのですか？　他人の罪や悪を見て嫌悪感を抱くのも悪なのでしょうか？

　嫌な気持ちになることそれ自体は悪ではありません。また、罪や悪に対する敵愾心（てきがいしん）を持つことも重要です。罪や悪は正さなければなりません。
　「自己牧会プログラム」で嫌な気持ちに気づくことを強調しているのは、

罪や悪を見て裁くためではなく、むしろ真の愛を中心として、その人や環境をいかに正しい方向へと導いてあげられるか、ということに取り組まなければならないためです。

そのためには、まず自分の固定観念[※]に気づき、そこから自分自身が解放されることが必要です。堕落人間の場合、嫌な気持ちになるのは、自己中心的な固定観念から、人や環境を受け入れることができないのが原因の場合が多いのです。

嫌な気持ちをそのままにしておけば、願わざる分裂と葛藤と苦しみが増大していくことになるでしょう。堕落人間が、神様の願う「許して、愛して、一つになる」方向に進むためには、まず、嫌な気持ちに気づくことから始まります。

※固定観念＝我執

72

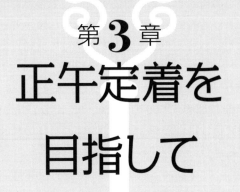

第**3**章

正午定着を
目指して

1. 自覚を取り戻す—意識を「今ここ」に

◆💎 み言

　どのような境遇でも皆様の心と体を一つに統一して暮らさなければなりません。私も、いち早く天の道を決心しながら、「宇宙主管を願う前に自己主管を完成せよ！」という標語を掲げ、悲壮な覚悟で出発しました。天は既に、皆様がこの目的を達成する道案内として良心を下さいました。良心は、皆様の師よりも先に、皆様に関して隅から隅まで知っています。皆様の一挙手一投足はもちろん、考えまでもすべて見通しているのです。また良心は、皆様の父母よりも皆様に関して先に知っています。さらには、皆様の良心は、神様よりも皆様をよく知っています。したがって、皆様の人生の中で良心を神様の代わりの位置に立て、影のない正午定着の人生で絶対服従の道を行けば、皆様は間違いなく心と体の共鳴圏を形成し、統一を完成するでしょう。

（天一国経典『天聖経』1405ページ）

　正午定着は、影がなくなるときに可能です。体と心が一つになれば、影がなくなります。夫婦が一つになれば、影がなくなるのです。太陽が東にあれば西に影ができ、西にあれば東に影ができます。また、南にあれば北に影ができ、北にあれば南に影ができます。東西南北に影ができます。しかし、正午に中央に立てば、影がありません。そのような父母、夫婦、父子の関係、そのような兄弟の関係にならなければなりません。そうしてこそ、神様が八段階の愛を中心として、主人になる位置が決定するのです。いくら精誠を尽くしても、正午定着にならなければなりません。十二時に影がないように定着しなければ、影のない神様のみ前に行けないのです。垂直になりません。永遠に影がない垂直にならなければなりません。

（天一国経典『天聖経』1322ページ）

　神様は、愛の根、生命の根、血統の根、良心の根です。これは間違い

※自覚＝本然の自分　良心＝本心

74

ないことです。そのような神様がいるとすれば、なぜ感じられないのでしょうか。「私」と一つになっているからです。愛と共に、生命と共に、血統と共に、良心と共に一つになっています。神様は根です。神様を現そうとすれば、四方に愛をまきなさいというのです。投入しなさいというのです。それは、自分の生命と愛と、このすべてのものを犠牲にして完全にゼロの位置に戻れば、神様が主人として現れるということです。ですから、ゼロになったその位置で、神様を中心として横的に連結するのです。堕落したために、これが縦的に押さえつけられています。これを横的に連結できるようにすれば、神様が、自分の良心の中で主人になるのです。

（天一国経典『天聖経』29ページ）

🎓 み言解説

　「基元節」以降、特に四大聖物伝授と聖酒式からは、正午定着（心と体の統一）という内容がさらに重要になってきています。正午定着と良心の声を聞くことは、切り離すことができないので、一緒に学んでいきましょう。

　「正午定着」をなしてこそ、個性完成、家庭完成をすることができます。良心と肉身が一つになって、心と体の共鳴圏が形成されるのです。影のない「正午定着」の人生で、良心に体が絶対服従する道を行けば誤った道に行くことはないのです。ですから、「正午定着」をしないと良心の声を聞くことができないのです。

　もう一つ、三大主体思想というみ言があるのですが、ここにも90度、直角、垂直という言葉が出てきます。

　「良心の作用の中で、最高、最上の機能が正に、真の父母、真の師、真の主人の役割の機能です。言い換えれば、良心は、私たちが生まれたときから真の父母、真の師、真の主人の位置で私たちの生を指導し、教育する、神様の代身者であるということです。私たちの一挙手一投足を、一時

75

も逃すことなく導き、監視する責任が良心の機能だということです。……人類を、90度の角度の垂直の道に再び連結させてくれる真の父母、真の師、真の主人の道、すなわち良心を主人として侍って生きる真理の人生を、直接実践して見せてくださる方が、正にレバレンド・ムーンだということです」

（『平和神経』328〜330ページ）

　良心は、私たちが生まれたときから真の父母、真の師、真の主人としての位置で私たちの "生" を指導し、教育する、神様の代身者であり、私たちを一時も逃すことなく導き、監視するという役割を果たすというのです。
　では、良心はどのようにすれば、真の父母、真の師、真の主人として私たちを力強く導いてくれるのでしょうか？　それは、「正午定着」（心身一体）を成した自覚を取り戻した位置においてです。自己中心的な囚われの思いから解放された位置です。

　自己中心的な思いは、許せない、愛せない、一つになれないなどという嫌な思いとなって妄想の中へ私を引きずりこもうとします。良心の声に気づいて、自覚を取り戻すと、良心との対話がスムーズにできるようになります。これこそが、本然の自分を取り戻した位置、すなわち「正午定着」した90度の位置、直短距離で神様と一問一答できる位置なのです。

※良心＝本心　自覚＝本然の自分

2. 心と体を90度の位置（正午定着）に導く良心

💎 み言

　堕落した私たち人間の力では、良心の機能を本然の位置に戻せる道はありません。天との縦的な関係が垂直になることができずにいるからです。65億の人類すべてが、自分なりの角度をつくり、それが正統であり、最高のものであると錯覚して生きているのです。絶対的基準を形成して測定できる最短距離の垂直の角度が出てくるまでは、救援を受けられる道を誰も探し出せないのです。

　歴史上、いまだかつてなかった位置で、人類をサタンの束縛から救い、天国へと導いてくれる鍵をもって来られる方が、正に今、皆様の前に立っているレバレンド・ムーンです。私が願ったとしても、決して探し出せる位置ではありません。天が印を与え、人類の救世主、メシヤ、再臨主、真の父母として立てられる位置です。サタンの影響圏外にある絶対解放、釈放の位置なのです。65億に分かれている人類を、90度の垂直の道に再び連結させてくれる真の父母、真の師、真の主人の道、すなわち良心を主人として、侍って生きる真理の人生を、直接実践して見せてくださる方が、正にレバレンド・ムーンだということです。

（ 天一国経典『天聖経』1413ページ ）

🎓 み言解説

　真の父母様は、「良心は両親に優り、先生に優り、神様に優る」と語られました。それは、心と体を統一して「正午定着」すなわち90度の垂直になる状態に導いてくれるからです。

　「良心は、私たちのすべての言行はもちろん、考えまでも父母よりも先に知り、師より先に知り、神様よりも先に知るのです。神様が、人間の人生を指導し監視する本源的な機能を、良心に伝授してくださったからです」

（『平和神経』328ページ）

それゆえ、良心は両親に優り、先生に優り、神様に優ると語られているのです。

　良心の声と自問自答する形で、内なる心の声と対話するのです。声は出しませんが、心に感じている思いと対話するのです。皆さんもやってみれば日常生活の中で、自分の中に住まわれる神様、すなわち良心と対話することができるようになります。

❖良心は、すでに"答え"を知っている

　良心が機能している状態は、思考してから行動するのではなく、すでに自分がどうあるべきかを直感的に知って、行動している状態のことです。

　良心と直感的に対話するにはどうしたらよいのでしょうか？　ある牧会者が「良心は、どのようにしたら強く機能するのですか？」と祈り求めました。そして「自覚を取り戻せばよいのですか？」という問いに、「そうだ！　ピンポーン」と返事があったそうです。何度尋ねてみても、「そうだ！　よく気づいたね」と、良心が答えてくるというのです。

　自覚を取り戻している状態とは、生心が肉心を主管し、自己中心の思考に囚われていない状態のことなのです。本然の自分を取り戻した状態が、心と体が90度で交わった垂直の位置なのです。心と体に影が生じる隙間がありません。

　ゆえに常に良心と対話し、自覚を取り戻していれば、許せない、愛せない、一つになれないという嫌な思いの世界に引き込まることはありません。そのような本然の自分を取り戻して、目の前の人や物を見れば、そこ（目の前の人や物）に意識が集中するでしょう。そうすれば、他の嫌な思いに囚われることはないのです。このように本然の自分をもって見ると、自然や万物を正しく見ることができます。

※良心＝本心　自覚＝本然の自分

❖良心と対話し、自覚を取り戻せば心の影が生じない

　私たちは日頃、良心と対話し、自覚を持って生きていないために、サタンが働いて、体の欲望に心が引きずられ、嫌な思いや無関心なまま、他の人に接しているので、お互いの本当の姿が見えていないのです。夫婦や親子で一緒に過ごしていても、互いに無関心で他のことを考えていることが多く、心の交流が断たれているのです。自分の意識が「今ここ」にないことが問題なのです。

　「私はお父さんと話している」「私は妻と話している」「子供の目を見ている、子供の笑顔を見ている、子供が笑っている、うれしそうだ」と、自覚を持って接していたなら、子供の心情、妻の心情、夫の心情が自分のことのように感じられるのです。影がなく、一つになることができるのです。本然の自分を取り戻すこと。これこそが影の生じない状態です。

　自覚を取り戻すことにはエネルギーが必要なので、集中して本然の自分を持てば、許せない、愛せない、一つになれないという嫌な思いを作り出すことはないのです。心の影をなくすためには、自覚を取り戻すことが大切です。

　自覚を取り戻した状態は、神様を中心として心と体が一つになった状態です。そうなってこそ良心と対話ができます。自問自答できるのです。そういう経験を多くすれば、「自己牧会プログラム」、各種ワークは格段にレベルアップするでしょう。

WORK❼「自覚を取り戻す」ワーク

> 何か自分本位の考えに囚われていることに気づいたら、すぐに「私は今、自分本位の考えに囚われている」と、自覚を取り戻し、自覚をもって目の前のあらゆる現象を見て、いろいろな音を聞いて、体の感覚を感じてください。
> 良心の声に気づいてください。
>
> 今この瞬間は、何の不安も恐れもない平安そのものです。
> 自由・平和・統一・幸福の世界が「今ここ」にあるとイメージします。

🎓 WORK❼の解説

「正午定着」（心と体の統一）について、もう少し理解していきましょう。

私たちは何かにつけ、自分本位の思いに囚われて生きています。歩いているときも、いろいろなことを考えながら歩いています。まずは、自分が何かに囚われていることに気づくことです。「はっ！　私は今、心配事に囚われていた」と。それに気づいたら、意識を「今ここ」においてください。私は今、正面を見て歩いている、ビルが見えている、手を振っている、足を上げている、足が地面に着いていると、現実の自分の姿をありのままに見てください。

いつも自覚を持って、意識を「今ここ」におくようにしていると、自分の思考（囚われている自分）が何かを想像し始めたり、心配事を思い起こしたりすると、ささいな心の動きであっても、そのことに瞬時に気づけるようになり、自覚を取り戻しやすくなります。

※自覚＝本然の自分　良心＝本心　囚われの自分＝自己中心的な思いに囚われる自分

80

❖自己本位の思考をしている自分を、客観的に眺める位置に立つ
一自分を客観的に見る

　本然の自分に気づけば、自分本位の囚われに呑み込まれることはない
のです。本然の自分に気づけば、いろいろなものがはっきりと見えてき
ます。その次には、音を聞いてみてください。何が聞こえますか。人の声、
人が動く音、エアコンの音、車の音、雨の音など、いろいろな音が聞こ
えてきます。そして、本然の自分に立ち返って、体の感触を得てみてく
ださい。手がテーブルに触れている、ペンを持っている、背中が椅子の
背に当たっている、お尻が椅子の座面に当たっている、足が床に着いて
いる……。

　日頃、嫌な思いに囚われていると、そのようなことが見えたり聞こえ
たり、感じられたりしないのです。自覚を持てば、分かります。また、
自覚を持てば、自分の頭の中でいろいろな思考（囚われの自分）が出て
くることにも、すぐに気がつき、それを止めることができます。

　つまり、思考（囚われの自分）が始まっても、自覚を持てば、囚われ
の思いはそこで終わります。どんどん思考が出てくるのを客観的に眺め
る位置に立つのです。これが、瞑想したり、座禅を組んで悟りの境地に
入ろうとしたりする修行者が行っていることなのです。私たちは、本然
の自分を取り戻すことによって、生活の中で影が生じない位置（正午定着）
の自分を得ることができるのです。

❖「今ここ」は、自由・平和・統一・幸福な世界があるだけとイメージします

　自覚に気づいたとき、真実の世界を思い起こしてほしいのです。今ま
ではいろいろな嫌な思いに囚われて、心配事があれば、そこからいろい
ろな不安や恐れが湧き出していました。耐え難い苦痛を感じることもあ
りました。そのときに、まず気づいてください。「あっ、自分は囚われて

いた」と。私は歩いている、青空を見ている、ビルがある、道路がある
……と。

今ここ、この瞬間には痛みや恐れや不安や、心配することなどないと
いう状態をイメージしてください。今ここ、この瞬間には、自由・平和・
統一・幸福な世界があるだけなのです。心配していたのは、自分の頭の
中だけだったのです。そのことに気づいた人は幸いです。平安な人生が
開かれていきます。これを常にイメージすることができなければ、嫌な
思いの中で、苦しみながら生き続けることになります。

ですから、「正午定着」（心と体の統一）を通して、私たちは神様と一
体となって、神人愛一体理想を成していくべきです。絶対信仰、絶対愛、
絶対服従で、私たちの中の第二の神様（良心）を信じて、人や自然を愛
して、その本然の思いに従っていけば、神人愛一体理想を成すことがで
きるようになるのです。その状態に至れば、サタンに侵入されない、解放、
釈放された自分になるのです。そんな世界に至る道がこのワークにはあ
るのです。

このワークの実践を通じて、「家庭盟誓」を生活の中で実感できたと
いう人が増えてきています。

自覚を取り戻したら、自由と平和と統一と幸福の世界が「今ここ」に
あるということです。もちろん、実体の天一国をつくることが願われて
いるのですが、結局は、本然の自分を取り戻した人たちを増やしていく
ことによって天国が拡大され、実体的な天一国ができていくのです。

❖私の心の中に天国を築くには……

自己主管というのは、良心が肉身を主管することだと学びました。と
ころが、私たちは反対に、良心が肉身に引きずられています。そればか

※良心＝本心　自覚＝本然の自分

りか、人の言葉や態度が気になって、自己中心的な思い（思考）に囚われています。その思いに囚われないようにするには、本然の自分に気づくことです。本然の自分に気づいて、気になったその人を見てください。ありありとその人の心情や事情が見えてくるでしょう。そしてまた、目の前にあるすべてのものの美しさや貴さ、平安な思いが、感じられるはずです。

　今までは、見ているようで、その本質を見ていなかったのです。他のことを考えていたからです。そのように実践するところから、平和や理想世界というものは実現していくことでしょう。ですから、天国というのはまずは内的なものから築いていくものであり、その先に、実体的な天国が実現するのです。まず、私の心の中に天国が築かれていれば、実体的な天国が広がっていくでしょう。私たちの心が「正午定着」（心と体の統一）できるように、常に自己主管して、本然の自分を取り戻していかなければならないのです。

　ワークを実践しながらも、時には一日のうちに何度も何度も、良心が肉身を主管できずに、肉身に引きずられて苦しむこともあるかと思います。それでも、あきらめずに、そのような自分を許し、鼓舞し、本然の自分を選択し続けていってください。

　すべてを許し、愛して、一つになって、感謝している自分をイメージしましょう。平安な自分を感じ続けてみてください。優しい自分を取り戻してみてください。平安な自分を取り戻してみてください。天国はまさにそこ（本然の自分の心）にあります。

　それは、何かを買ったり、何かを得たり、人から評価を得たりする、そのような喜びとは比較することができないもので、永遠の神様の愛と平安がそこにあります。何度も何度も繰り返して、そのような温かさ、平安を感じ続ける生活が大切なのです。

❋「自覚を取り戻す」ワーク実践の証し

❋「人の喜びのために生きたい」と思ったら、涙が止まらなくなった

〔40代／男性／Hさんの実践報告〕

　私は教会の総務をしています。毎日、「やらなければならないこと」が山積みです。ある日のことです。極めて多忙な中、突然責任者から、書類を車で届ける指示を受けました。「はい」と答えたものの、心中は穏やかでなく、その時は「ゴミ箱でも蹴とばしたい！」という思いになってしまいました。

　そんなときに限って、渋滞に何度も巻き込まれ、ついにイライラもピークに達しました。とその時、目の前に咲いた桜を見ながら、「自覚を取り戻す」ワークをしてみました。

　「私は今、桜を見ている」と自覚を取り戻した瞬間、「桜は散る瞬間まで、人の喜びのために咲いているんだよ」という言葉が、私の心の中にこだましてきました。

　心の奥底から温かい思いがあふれてきて、私は思わず、涙が止まりませんでした。「人の喜びのために生きたい」と訴えている本然の自分の姿に気づきました。その時から、目の前の見える世界が変わっていきました。

　責任者からの命令は、頼りにされている証拠である。面倒だと思った電話の対応も、助けを求めている人の役に立てることである。そう心から思えるようになりました。

❋怒りが瞬時に解け、優しく許す気持ちに転換された

〔40代／男性／Nさんの実践報告〕

　教会スタッフの方と面接の約束をしていましたが、スタッフの方の一方的事情で突然キャンセルされたときのことです。仕事の予定を変更してまで教会に来ていたこともあり、怒りが突然湧き起こり、その思いが

※自覚＝本然の自分　囚われの自分＝自己中心的な思いに囚われる自分

一日中、頭の中を巡り続けました。

　そんな中、「自覚を取り戻す」ワークを実践してみました。そうすると、「ちょっと怒り過ぎだよ」という思いが湧き、私はいったんすべての嫌な思い（思考）を停止し、本然の自分を取り戻してみようと思いました。前を向くと、歩行者用信号が赤から青に変わるのが見えました。すると心の中に、ある言葉が浮かんできたのです。

　それは「優しくなろうよ、許そうよ」というフレーズの繰り返しでした。途中からメロディーもつき始め、それまで氷のように冷たかった心が溶かされていくのが分かりました。

　その時の心には、善意があふれ、余裕と落ち着きがあり、そして正義感がありました。もしその時、何かに困っている人がいたら、いくらでも助けてあげたいという思いが満ちあふれてきました。天国はこのような心を起点として、出発していくのだなあと実感しました。

❀「街が天国に見えた」──この輝きを伝えたい
〔19歳／女性／天一国青年宣教師／Iさんの実践報告〕

　40日間の伝道実践研修の最中、「自覚を取り戻す」ワークに取り組んでいました。

　足の裏が地面に着いて、足の裏の感覚がこうで……そこからこうやって足が伸びていて、自分は今腕を組んでいて……右手が上で左手が下で、親指は右腕に当たっていて……肩にカバンがかかっていてちょっと重たい……それで目をつぶってうつむいている……という自分を、囚われの自分（思考）を止めて感じてみたら、目をつぶっている自分が客観的に見えました。

　そして、目を開けた瞬間、普段と変わらないはずの街の景色が、本当に明るく輝き、キラキラしている世界に見えました。また、目の前の人たちが、本当に幸せそうに笑いながら歩いているように見えました。自分は今天国を見ているのではないかと思いました。

※良心で周りを見たとき、「輝く世界が今ここにある！」ということを、真の父母様に代わって自分が伝えないといけないと感じました。以前は伝道に行きたくないと "囚われの自分" が泣き叫んでいたこともありましたが、この期間を喜んで歩み切り、７人をワークの受講に導くことができました。

※良心＝本心　囚われの自分＝自己中心的な思いに囚われる自分　自覚＝本然の自分

📖 ワークシート❼
※「自覚を取り戻す」ワーク
気づきを書くことによって、ワークが格段に進展していきます！

① 自覚を取り戻し、「今ここ」に戻すことができましたか？
　どんな感じがしましたか？

② 恐れや嫌な気持ちは、堕落した自分が作り出している囚われの思いであり、その恐れと嫌な気持ちは、本然ではない自分の頭の中にしかないことをイメージできましたか？　どんな感じがしましたか？

③「今ここ」、この瞬間に、自由・平和・統一・幸福の世界があることをイメージできましたか？　どんな感じがしましたか？

　日々を過ごす中で、自覚を取り戻し、嫌な思いを抱いている自分に気づいて、それを手放し、自由・平和・統一・幸福の世界をイメージしてみましょう。

3. 真の愛の発光体（生霊体）となるための人生

💎 み言

　正午定着の人生は、影をつくらない人生だと言いました。私たち全員が発光体になって光を与える人生を生きれば、影が生じる隙間がありません。受ける人は、借りをつくる人です。皆様は、その借りを返すために、これから、かわいそうな貧しい人の涙を拭ってあげ、暗い所を明るくしてあげる永遠の真の愛の発光体となる人生を生きるように願います。

（天一国経典『天聖経』1450ページ）

　人間は、堕落がなかったならば、神様のような基準まで霊人体が完成し、絶対信仰、絶対愛、絶対服従の道理を果たして、永生するようになっていたでしょう。しかし、不幸にも人類は、堕落の末裔となって生きています。したがって人間は、誰彼を問わず、真の父母様を通じた重生、復活、永生の三段階の祝福を経て生まれてこそ、完成した人生を送ることができるようになるのです。

（天一国経典『天聖経』1444ページ）

　神様の本性的心情を相続して共有する完成、完結の段階、すなわち堕落の痕跡すらない原状の人間へと復帰される恩賜圏に進入する新しい時代なのです。「○」と「×」の原理的次元から考えてみても、それは、「○」の立場であられる神様の善主権が、「×」の立場であるサタンの悪主権を痕跡も残さず、丸ごと包容して消化する時代圏を意味するのです。もうこれ以上、実体の神様として役事なさる真の父母様と無形の神様を区別する必要のない地上天国と天上天国が、実体的に皆様の目の前に広がる新しい時代圏が開かれつつあるのです。

（天一国経典『天聖経』1436〜1437ページ）

※自覚＝本然の自分　光＝神の愛　良心＝本心

ワーク紹介

WORK❽「真の愛の発光体をイメージする」ワーク

自覚を取り戻して、光を良心に感じてみる。

全身が光で満たされている自分をイメージする。

真の愛の発光体（生霊体）としての自分をイメージし、温かさと平安な気持ちを抱きながら、光を天宙にまで拡大していく自分を感じ続けてみる。

自由・平和・統一・幸福の世界が「今ここ」にあるとイメージする。

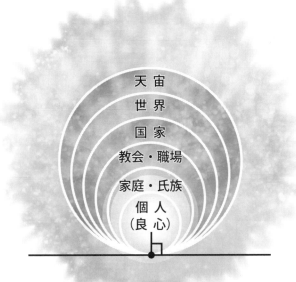

天　宙

世　界

国　家

教会・職場

家庭・氏族

個　人
（良　心）

🎓 WORK❽の解説

　真の愛の発光体をイメージするワークに入ります。

　自覚を取り戻した状態が、心と体が90度で交わった垂直の位置（正午定着）であり、その状態にこそ、直短距離で神様が降りてきます。そうなってこそ、肉身が良心に主管されて完全一体となり、神様に通じる自分であることを体験することができます。

　そのために、影をなくす（正午定着する）ために、「私」が真の愛の発光体となり、光を感じて、その光を天宙に拡大していくことをイメージします。そうすれば、すぐに瞑想状態のような、心地よさを感じることができます。

参考→＜巻末＞マンガでわかる！「光を投げ放つ」ワーク

❖霊界では、神様も完成した人間も発光体として見える

　霊界に行くと、神様および神様と完全に一つとなった真の父母様は発光体であるといわれます。また私たちの良心は第二の神様であり、生心には神様が臨在されます。人間は、完成すれば神様の似姿となり、発光体となるのです。私たちの霊人体も成長し、完成して、真の愛の発光体になっていかなければなりません。

　「正午定着の人生は、影をつくらない人生だと言いました。私たち全員が発光体になって光を与える人生を生きれば、影が生じる隙間がありません」というみ言があります。それをイメージしてみてください。

　まず、自分自身が発光体になることを思い描いてください。頭のてっぺんから、手足の先まで光で包まれていますか？　包まれたら、今度は大切な夫や妻に光を与えてください。二人が愛の光で包まれましたか。夫婦が光で球形となって、一体となっていることを感じてみましょう。夫婦が光で一つになったイメージができましたか。

※自覚＝本然の自分　良心＝本心　光＝神の愛　心の目＝神の目

　次に、愛する可愛い我が子をそこに迎え入れて、子供にも光を送って
みてください。

　光に包まれましたか？　光によって家族が一つになることを思い描き、
イメージしてみましょう。イメージできたら、その光を3倍、10倍に膨
らませてみてください。今度はその光に氏族圏も迎え入れてみましょう。
さらに、教会や職場の人も、光で包まれていくことをイメージしてみましょ
う。

　さらに、日本、韓国、アメリカを愛して、光で包まれていくことをイメー
ジしましょう。そうして、全世界が光で包まれていくことをイメージし
てみましょう。宇宙や霊界まで光を拡大させて、一つになっていること
をイメージしてみましょう。

　このように光を拡大していくことをイメージしたときに、何か自己中
心的な思考（囚われの思い）が出てきましたか？　お父様が、「影が生
じる隙間がありません」「暗いところを明るくしてあげる永遠の真の愛の
発光体となる人生を生きるように」と語られているように、私たちが光
を投げ放っていったとき、自分中心の思考を超越していくことができる
のです。

　そうすると、神様との一体感、平和感が自分の中からあふれてきます。
そこが天国のように心地よく感じる体験をするのです。

❖真の愛の発光体となる人生をイメージできれば、光を投げ放つ人生 に転換していく

　日々、兄弟姉妹たちが伝道前線を歩みながら、「光を投げ放つ」ワー
クをしています。そこから天国が始まるというイメージをするのです。
なぜそうするのでしょうか。
　心の目で見て、光を投げ放って、共鳴圏を形成して、神様の愛で満た

されるようになるので、そこは天国であるとイメージできるようになるのです。やがてこれは単なるイメージではなくなります。なぜならそれを実践し続ければ、そのような体験をしていくことができるからです。

　光を投げ放っていった時に、やがて影がなくなり、水晶のような心になって、本当に天国、平安な世界を感じることができるようになっていきます。自由と平和と統一と幸福の世界というのは、「今ここ」にあるということを、理屈なしに感じられていくようになると思います。

　この光を投げ放つワークというのは、一見、単純なことのように思えますが、本当に効果が大きいのです。まずはイメージするところから、創造本然の自分、罪の痕跡のない自分、影のない自分、そういう「正午定着」（心と体の統一）の土台をつくることが大切であり、それを実際に実践し、定着させていくことです。そうしてこそ、やがて良心の声と常に対話することができるようになります。

❖神様の愛は「今ここ」にある

　①「本然の自分を感じる」ワークを実践して、すべてを許している自分はどんな感じがするだろうか、②すべての人を愛している自分って、どんな感じがするだろうか、③一つになっている自分はどんな感じがするだろうか、④すべてを感謝している自分って、どんな感じがするだろうか。この4つのキーワードによって実践し、み言を良心で感じることや、平安な「正午定着」をしている自分をイメージしていくことができます。

　また、「家庭盟誓」を唱えるとき、本然の世界である、自由と平和と統一と幸福の世界をイメージすることで、「正午定着」の平安な世界に導かれていくことでしょう。

　囚われのない自由な自分って、どんな感じがするのだろうか？　時間

※光＝神の愛　良心＝本心

がないからできないとか、お金がないからできないとか、誰々がいるからさせてもらえないとか、そのような制限を一切、取り払って、本当に囚われのない自由な自分になったら、どんな感じがするのだろうか？　どこにでも自由に行き、何でもすることができるとしたら、その自分はどんな感じがするのだろうか？　その状態をイメージしてみてください。

　また、本当に自分が囚われの思いから解放され、自由になったら、どんなことをしたいでしょうか？　やりたいことを通じて、ために生き、多くの人に喜んでもらって、感謝され、嬉々として歩んでいる自分は、どんな感じがするでしょうか？　何の恐れも不安もない、平和を感じている自分は、どんな感じがするでしょうか？　それらをイメージしていくことができれば、ワクワクしてきますよね。

　では、そこはどんな場所でしょうか？　太陽があるでしょうか？　海があるでしょうか？　そんな平和な温かいところに、誰と一緒にいるでしょうか？　それをイメージしてみてください。そのような自由と平和と統一と幸福の世界がそこにあることを感じられると思います。その世界は、何の不安も恐れもない、平安そのものの世界です。

　神様の愛と幸福は「今ここ」にあるとイメージすることができる、そういう良心の世界を大切にしていきましょう。最初は難しくても、毎日、一日に何度もそういう自分をイメージして、まず"囚われのない自分"を取り戻していくことが大切です。

　このようにして、心に影がなくなり、水晶のようになっていることをイメージして、それを信じてワークし続け、み言を実践していけば、やがて神様と一体となっていくことができるようになるのです。直短距離で神様に出会うことができるのです。

✼「真の愛の発光体をイメージする」ワーク実践の証し

❈心の影がなくなり、あらゆる境界線がなくなる

〔60代／女性／Wさんの実践報告〕

毎日朝の訓読後に、「真の愛の発光体をイメージする」ワークに取り組んでいます。過去の私は、ともすれば「私の家庭はアベル圏で、み言を知らない氏族はカイン圏」「私が直接関わる部署以外の人々は、よその人」「私に相対してくれる人はいい人で、それ以外の人はダメな人」と自分本位に壁をつくり、人を区別して接してきたところがありました。

壁の外側の人を愛するとなると、条件をたくさん立ててこそ、という自分本位の信仰観でしたが、この「真の愛の発光体をイメージする」ワークに取り組む中で、あっという間に心の影がなくなるのを実感できるようになりました。

み言を知らない氏族圏の方々や伝道対象者に対しても、家族のような心情で深く関わることができるようになり、祝福伝道にも導くことができるようになりました。他の部署や他の教会の方々の勝利を自分のことのように素直に喜べるようになりました。最近では、神様がとても近くに感じられます。これが神様の願う世界の見つめ方なのだと実感しています。

今までは、自分本位の思いに囚われて、葛藤や苦しいことが多くありました。しかし、※光を感じ、それを拡大し、イメージしていくうちに、私の中のあらゆる壁が崩されていった感じがし、心が平安になることが多くなりました。自由と平和と統一と幸福の世界が「今ここ」にあるということを実感しています。

❈神様の愛に包まれ、全体のことも我が事のように感じられた

〔30代／男性／Hさんの実践報告〕

仕事に向かう道すがら、「真の愛の発光体をイメージする」ワークを

※光＝神の愛

しています。自分の心と体に向かって「思いどおりでなくても大丈夫」と唱え、すべてを許し、平安な気持ちを抱いて光を送り、続いて家族に対しても同様に唱え、妻に対しても、子供たちに対しても光を送り、葛藤することがあってもそれに感謝して、平安な気持ちを感じるまでイメージし続けています。

さらに氏族圏に対しても、教会の人に対しても、全国の人々に対しても、世界の人々に対しても、ひいては天宙にも光を放ち、すべてのものを受け入れて、許し愛していくことをイメージしています。すると自分自身が、神様の愛の中で一体となった境地を体感でき、愛に包まれる体験をすることができました。

すると最近、不思議と会う人、会う人から「変わったね」と言われています。それは、どんな人にも気を利かせ、どんなことでもさっと動くようになったということのようです。全体のことも、自分のことのように感じられる感性が育まれてきたように思います。

✻重圧から平安へ。神様が私を通して働くことを実感
〔40代／男性／Aさんの実践報告〕

私は社会人になって23年目になります。その大半の時期を、毎月の結果を求められる会社で過ごしてきました。月末はいつも、「周囲を責める気持ち」「上からの重圧」に苦しんできました。

そんな中、「真の愛の発光体をイメージする」ワークに取り組むようになりました。光に包まれているイメージを、以下のように拡大していきます。

個人：私が神様の愛の光に包まれている。
家庭：みんなが最高の笑顔で、仕事・学校で活躍している。
氏族：みんな笑顔で、心が通じ合っている。
職場：上司、同僚、部下が光に満たされている。

地域（東京）、国家（日本）、天宙、そして真の父母様が天正宮博物館で光に包まれ、優しくほほえんでいらっしゃる姿へと、光のイメージを拡大しています。すると、心にスーッと平安が広がります。心の奥底から、「大丈夫だ！」という確信が与えられます。

　この「真の愛の発光体をイメージする」ワークに取り組むようになって、会社の仕事でも、年間目標の1.5倍の実績が与えられました。「正午定着」（心と体の統一）の位置に立つことをイメージすると、神様の無限の愛に満たされ、私を通して神様が働かれることを実感しています。

※光＝神の愛

📖 ワークシート❽
「真の愛の発光体をイメージする」ワーク
気づきを書くことによって、ワークが格段に進展していきます！

　自分が光に包まれて、夫婦、親子、家族から拡大して、氏族、民族、国家や世界、天宙まで光を拡大していくことをイメージできましたか？どんな感じがしましたか？

　できるだけ長い時間、その平安さ、温かさを持続し続けて感じてみましょう。影が生じる隙間がないことをイメージしてみます。

4. 「私心をなくす」ワーク

◆ み言

　皆さんは考えなければなりません。「私たちは一つ」と簡潔に語っています。一つの心、一つの志、一つの行動でなければなりません。しかし、実際の皆さん自身を見れば、心と体があります。私の心はこのように願うのに、体が言うことを聞いていません。そうですか、そうではないですか？　いかにして私一人の個人において、心と体が統一されるのでしょうか。

　全てのことを下ろさなければなりません。自分が過去にどのようなことをした、今現在、自分がどのようなことをしている、そして、自分の知識水準はどの程度だ。このような全てのことを下ろしてしまって、無から、いかにして心と体が一つとなった統一された位置に進みうるかを考え、努力しなければなりません。

（「2018天地人真の父母孝情天宙祝福式および天譜苑奉献記念祝勝会」のみ言、
2018年8月28日、ＨＪ天宙天寶修錬苑、『世界家庭』2018年10月号、13ページ）

　人間は、二重目的をもつ個性真理体であるため、連体（有機的に連帯し合っている関係）的な存在であることを自覚するとき、一つになる道が開かれる。「私と人はつながっている」という自覚は、無知と堕落性によって阻まれている。無知と堕落性を真理と愛で克服すれば、人間の本性が啓発される。その場に神様が臨在されることを戦慄が走るように感じなければならない。神様に常に侍（はべ）り、真の父母様のみ意を推し量り、愛と知恵によって人生と世の中を経綸（けいりん）すれば、私から天宙まで、一心、一体、一念で一つになる役事が起きるであろう。

（天一国経典『真の父母経』1575ページ、リード文）

　私たちは、どのようにして一つになることができるでしょうか。何より、天の父母様に出会わなければなりませんが、それは簡単なことではありません。

　人類始祖が堕落したからです。堕落によって、人類は無知に陥り、創造本然の本性が隠されてしまいました。無知の壁は六千年間、積もりに積もって、高く、分厚くなり、堕落性の川は広く、深くなりました。人間の力だけでは、この壁を越えたり、この川を渡ったりするのは困難です。愛の本体であられる天の父母様は、常に私たちを助けてくださる準備ができています。すべてのことは、自分自身にかかっています。良心を目覚めさせなければなりません。良心は、第二の天の父母様です。神霊と真理によって常に目を覚まして祈り、万事に感謝する生活をすれば、天の父母様の声を聞くようになり、戦慄が走るように感じるでしょう。

（天一国経典『真の父母経』1576ページ）

　創造本然の人間は、その心と体に神様の真の愛をもち、そのまま感応しながら生きるようになっています。心は真の愛を中心として神様に感応し、体は自動的に心に共鳴するのです。体と心が闘うことのない真の統一の起源は、神様の真の愛をそのまま受け継いで体感する所にあります。心と体が統一体になるという人間の理想は、神様の真の愛を完全に所有するときに成し遂げられるのです。心と体が真の愛を中心として統一されるところから、真の自由と平和の理想が出発できます。そして、心と体が統一された基盤の上で、自由で平和な個人、家庭、氏族、民族、国家、世界を成し遂げることができるのです。

（天一国経典『天聖経』385ページ）

🎓 み言解説

❖真の父母様といかに一つになるか

　最近、真のお母様といかに一つになるかということが強調されています。どうしたら真の父母様と私たちは一つになれるのでしょうか？　私心を捨てることが重要だと、宋龍天・全国祝福家庭総連合会総会長（当時）は、史吉子先生（36家庭）が真のお父様に質問をしていらっしゃる場面を引

用しながら解説しておられます。

（→参照　宋龍天著『天一国定着に向けた祝福家庭の姿勢』44〜45ページ）

　自己を中心としたすべての考えと言葉と行動が私心であり、それが堕落性本性だと指摘しています。

　この指摘は正にそのとおりなのですが、とても実感しにくいことです。私たちが日頃、当たり前のように考えていることが私心を持っていると自覚できないからです。当たり前のように「私は正しい」といって何かを否定し続けて暮らしているからです。

❖「すべてのことを下ろさなければなりません」（真のお母様のみ言）

　以前、呼吸のように無意識に、「自分が正しい」と言って自己本位の思いで批判し続けている自分に気づいたという婦人の証しがありました。批判し続けることが習慣になっているのです。

　ですから、真のお母様は、あえて、「すべてのことを下ろさなければなりません」とおっしゃるのです。これは、真のお父様の「堕落観念に徹せよ」というみ言にも通じますが、すべてを下ろさないと、影をなくすこと、すなわち「正午定着」（心と体の統一）ということが難しいのです。

（→参照　「2018天地人真の父母孝情天宙祝福式および天譜苑奉献記念祝勝会」のみ言、2018年8月28日、ＨＪ天宙天寶修錬苑、『世界家庭』2018年10月号、13ページ）

　そこで、「すべてのことを下ろ（す）」というみ言を体恤（たいじゅつ）するために、「私心をなくす」ワークに取り組んでみましょう。

❖私心をなくし、犠牲となって無になれば、神様の愛が現れる

　私心をなくしたら、真実の世界が見えてきます。「自分の生命と愛と、このすべてのものを犠牲にして完全にゼロの位置に戻れば、神様が主人

として現れる」（天一国経典『天聖経』29ページ）とお父様はおっしゃいます。犠牲となり、完全に投入してゼロになることによって、神様の愛が現れるようになるのです。

　草創期の先輩方のお話を伺うと、祈っていたら、「神霊に接することによって、無限の喜びと新しい力を得」（『原理講論』86ページ）たかのように光が自分の中に入ってきたとか、病気と悩みのどん底で切実な祈祷を捧げたら、創造原理に基づいて再臨復活現象が行われ、「火を受けさせたり、病気を治させる」（同、225ページ）などを実感したり、神の光が差して健康が回復したなどの奇跡的な証しがたくさん出てきます。「私」が、絶対信仰の境地で犠牲となり、真の愛を投入して"無"になったとき、神霊に接するのです。

　「私心をなくす」ワークを通じて神霊に接すれば、肉身を善化（健康）するなどの影響をもたらすことを実感できます。神と一体となり、人や万物すべてを真の愛で愛しなさいと感じられた食口（シック）もいます。「正午定着」（心と体の統一）したときに神の愛（光）が現れる、ということが体験できるでしょう。

WORK❾「私心をなくす」ワーク

次々と頭の中で湧いてくる自分本位の思いを、一つ一つ「○○と自分本位で思っているのは（考えているのは、恐れているのは）本然の私とは何の関係もない」と心の中で唱える。

これを連続して、頭の中に浮かぶ自分本位の思いについて、上記の型に当てはめて唱える。これを4～5分くらい続ける。（良い思い、悪い思い、取るに足らない思い、すべての思いについて）。

そして最後に「自分に私心って、あるのだろうか？」と問いかけてみてください。

私心がなくなった自分の姿をイメージしてください。
「私と人はつながっている」「私から天宙まで、一心、一体、一念で一つになっていて、その場に神様が臨在される」ことを強く感じるでしょう。
「正午定着」（心と体の統一）の状態、また自由、平和、統一、幸福の状態をイメージしてみましょう。

平安とワクワクする喜びをイメージできたら、なるべく長くその感覚を維持し続けてみてください。

※無＝私心をなくすこと

🎓 WORK❾の解説

　自分本位の考え、思い、それは本然の自分とは何の関係もない、ということを4〜5分唱え続けます。次々と頭の中に現れる自分本位の考え、思いを、「これは本然の自分とは何の関係もありません」と心の中で連続して唱え続けます。

❖ "無"になれば、平安と喜びが心の奥底からあふれてくる

　以前、「おいしいものを食べて喜びたい、どこかに行って楽しみたいと考えるのも、本然の私とは何の関係もありません」というワークの説明を聞いて、「えっ、どうして?」と引っかかった婦人がいました。

　その婦人は、何かで楽しみたいと思うのは、良い思いではないかというのです。でも、自分本位な思いで、ここに行かないと楽しめないと考えるのは、今を楽しめないと思い、自分本位に逃げ場を見つけ出そうとする気持ちである場合が多いのです。そして、そうでないと生きていられないと習慣的に考えてしまいやすいのです。

　自分本位に、何かを買って喜ばないと生きていけないと思っていると、買い物をして一瞬は満たされても、やがて楽しくない思いになれば、また次に何かもっと大きい刺激を求め始めるのです。自分本位に何かに喜びを見いだそうとして、そこに行けば心が解放されると望みを抱くのですが、行ってみるとそういう喜びは一瞬で終わってしまって、また別の場所に喜びを探すしかなくなるのです。これは自分本位の思いに "囚われている" からです。永遠の喜びというものはそこにはありません。

　"無" になったならば、何も心配することがなくなり、批判することもなくなり、平安そのもの、ワクワクするような喜びが心の奥底から静かにあふれてくることでしょう。

❖習慣的な自分本位の思いを根こそぎ下ろしていく

　創造本然の人間は、神と一体となって心霊的な喜びに満ちているので、自分本位の思いで何かにすがって自分をごまかす必要がありません。何かに執着したり、固執したりすることもありません。

　さまざまな自分本位の思いも、心配や恐れも、当然これをしなくてはいけないと考えているのも、自分本位の観点、堕落性、習慣性から生じた、こうでないといけないという固定観念[※]を通して湧いてきた思いなのです。

　「そういう自分本位の思いは、神様の思いと同じですか？　違いますね？」「自分本位の思いです」。自分本位の思いで、すべての考えや行動や言葉が出てきているのです。だから、それを根こそぎ下ろしていくのです。

　エクササイズ、トレーニングと思って、次々と湧いてくる自分本位の思いを、本然の自分とは関係ないと唱え続けてワークしてみてください。ピタッと自分本位の思考が止まったとき、自由な心、平和な心、皆が一つにつながっている幸福な世界にいることを感じます。幼子のような、喜んでもらいたいという孝情があふれてくることと思います。

　目を閉じてもいいし、開けていてもいいです。以下、特別実践としてワークを導いていきますので、恩恵を心で感じ取ってください。

　（注）ここで基本的なことを確認しておきたいと思います。私たちは往々にして「欲望」そのものを「悪」であると捉えがちですが、欲望そのものは決して悪ではありません。『原理講論』の「目的性から見た善と悪」には次のように説明されています。

　「我々が、往々にして罪であると考えるところの欲望なるものは、元来、神より賦与された創造本性である。なぜなら、創造目的は喜びにあるの

※固定観念＝我執

であり、喜びは欲望を満たすときに感ずるものだからである。したがって、もし人間に欲望がないとすれば、そこには同時に喜びもあり得ないということになるのである。そうして欲望がないとすれば、神の愛を受けようとする欲望も、生きようとする欲望も、善を行おうとする欲望も、発展しようとする欲望もないということであるから、神の創造目的も、復帰摂理も、達成することができず、人間社会の維持とその発展もあり得ないのである。

　このように、本来の欲望は創造本性であるがゆえに、この性稟が神のみ意を目的として結果を結ぶならば、善となるのである。しかし、これと反対に、サタンの目的を中心としてその結果を結べば悪となるのである。この悪の世界も、イエスを中心とし、その目的の方向だけを変えるならば、善なるものとして復帰され、地上天国が建設されるということは、このような原理を見て明らかにされるのである」（118ページ）

WORK＜特別実践＞

　私は今、すべてを下ろしていきたいのです。私の自分本位の思考は、不安や恐れから、自分を守るために自分本位のあらゆることを考え出しています。そうすると、不安や恐れを中心とした思いがたくさん出てきます。そんな思いをすべて根こそぎ、下ろしたいのです。

　あれができなければどう見られるだろう、何を言われるだろうと恐れているのも、本然の自分とは何の関係もありません。

　ある人から過去に言われた言葉を思い起こしながら、また何か言われるかもしれないと、その人の顔が恐れとともに思い浮かんで、痛みと苦しみを感じている……。そんな不安や恐れを抱いているのも、良心に従って生きる自分とは何の関係もありません。

　失敗した過去のことを思い起こして悩み続けて前向きになれないのも、良心に従って生きる自分とは何の関係もありません。人のことを抜きにして自分だけの未来のことを考えて何かを思いつくことも、本然の私とは何の関係もありません。刹那的に今だけを生きるために必要なことを考えるのも、本然の自分とは関係ありません。自分本位の思いから湧いてくるすべての欲望も、本然の自分とは何の関係もありません。

　囚われの自分から解放された私は、まるで幼子のように、良心に従ってあるがままの世界を見ています。肌に当たる風の心地よさ、風に揺れる木々の彩りの美しさ、空気があり、透き通った空があること、広大な大地があること……生きとし生けるものすべてが生き生きとしています。すべてが神の愛の現れであること、この地上が天国であること、そんな喜びと感動と感謝の世界が目の前に展開していくのです。

　囚われの自分が恐れること、責めることが何もなくなったときに、平

※良心＝本心　　囚われの自分＝自己中心的な思いに囚われる自分　　無＝私心をなくすこと

安そのものになった私は、まるで幼子のように、天の父母様と真の父母様の愛の懐に抱かれて、ただいるだけで、ただあるがままの姿で、ワクワクした気持ちが湧いてきます。そんな心情と喜びの世界が私の中からあふれてくるのです。

良心に従って生きる自分になったら、すべてのものが一つであることを感じるようになっていきます。すべての人と、すべての万物と一つになっていくのです。皆が一つになって喜ぶ世界、神様、真の父母様を中心とした、一つの世界がそこにあります。天の父母様を中心に、天宙のすべてのものが喜んで生きる世界を築いていく、そんな孝情の思いを持っているのが本然の私の姿です。そんな孝情で、神様の夢、真の父母様の夢を成し遂げていきたい、それが本然の私の心です。

このように祈って無[※]になったときに何を感じるでしょうか？　すべてが一つであり、天宙のすべてのものが喜んで生きる世界を築いていきたいという孝情の世界が、良心に従って生きる本然の私であることを感じられると思います。

❖自己中心的なものに"囚われない自分"になれば、 そこは平安そのもの

その境地まで行けるときもあるし、行けないときもあるでしょうが、繰り返しワークを続けていくうちに、きっと時が止まったように、あるがままの世界が美しい世界であることを感じるようになるでしょう。自己中心的なものに囚われない自分になれば、そこは平安そのものの世界であることを感じるようになるのです。

すると、自然な笑みが、ほほえみがこぼれてきます。安心感とともに喜びがあふれてきます。その平安と喜びを常に感じ取っていけば、心霊的な恩恵があなたの中に定着するのです。そうすると見るもの、聞くもの、

嗅ぐもの、触れるもの、味わうもののすべてが天国のように感じられるでしょう。そこに天一国の原点があります。地上生活を歩みながら神様の愛を感じ、天国を実感するのです。

自分だけが正しいと自分本位に何かを肯定したり、あるいは、自分だけが間違っていたと自分本位に否定したりして、どうして天国が実現できるでしょうか？　自分はこれだけのことをしてきたという過去の実績や誇り、過去に何もできなかったという負債や敗北感、さらには自分の立場（私は責任者だ、一信徒だ等々の思い）に囚われている自分、および自分の生活上の失敗や汚点などのすべての「囚われの思い」を下ろさなければ、天国を迎えることはできません。だから、お母様は「すべてのことを下ろさなければなりません」とおっしゃって、私たちに再出発を願われているのです。ここから、心身統一、家庭統一、国家統一、世界統一が始まっていくのです。

🎓 ＜特別実践＞の解説

❖み言を実践し、生活の中で実体化できる時代

人間は、二重目的をもつ個性真理体であるため、連体（有機的に連帯し合っている関係）的な存在であることを自覚するとき、一つになる道が開かれる。「私と人はつながっている」という自覚は、無知と堕落性によって阻まれている。無知と堕落性を真理と愛で克服すれば、人間の本性が啓発される。その場に神様が臨在されることを戦慄が走るように感じなければならない。神様に常に侍り、真の父母様のみ意を推し量り、愛と知恵によって人生と世の中を経綸すれば、私から天宙まで、一心、一体、一念で一つになる役事が起きるであろう。

（天一国経典『真の父母経』1575〜1576ページ、リード文）

このような世界は、自分には体験できないことだと、他人事のように

※無＝私心をなくすこと

感じてきた方も多いかもしれませんが、今では誰でも体験できるようになっています。お母様の言われるとおり、「全てのことを下ろ」せば、私が神様と一つになるという経験をするのです。

（→参照　2018天地人真の父母孝情天宙祝福式および天譜苑奉献記念祝勝会
『世界家庭』2018年10月号）

　　※
　無になって感謝する生活、すなわちみ言を実践すれば、心と体が一つになります。そうなれば神と共に生活していることを実感するのです。心身統一、神人一体という、ひとつになった世界を感じる、神霊と真理にあふれた、神秘的な境地を味わえるのです。そして、個性完成した男性と女性が神様を中心に家庭を築き、一つとなって家庭に神様をお迎えして味わう喜びの世界が天国であるというのです。個性完成、家庭完成の喜びを伝えたくて、伝道をしたくなるのだ、そして、その家庭が殖え広がって国や世界に拡大して地上天国が実現していくのだというのです。日常生活の中で、個性完成、家庭完成をいかになしていくかということが大切です。

（→参照　天一国経典『天聖経』385ページ）

　このみ言の内容を、頭だけで理解するのではなく、生活の中で実践し体恤する時代が来ているのです。
　真の父母様の教えというのは、単なる理想を語った机上の空論ではありません。その教えは言葉で表現していますが、本然の個人、家庭、氏族、民族、国家、世界を実現し、天国を実体化できるみ言であるという自信と確信を持って、私たちに教示してくださっているのです。すなわち実体の天一国をつくることが可能なのです。

✱「私心をなくす」ワーク実践の証し

✳すべてのものと一つになっている、それが本当の自分だと気づいた
〔40代／男性／Tさんの実践報告〕

「私心をなくす」ワークを最初に実践したとき、「今椅子に座っている自分も、本然の思考をする私とは何の関係もありません」と誘導されて、素直になれませんでした。

「え？　私は今椅子に座って自分で思考しているけれども、これって自分ではないのかな？」すると、いろんな思いが湧いてきました。そのとき、これこそ自分本位の思考が、自分の存在を主張（自己主張）しようとしている瞬間なのだと感じられました。これが自分の私心であり、今までの自分を支配してきた囚われの自分だと気づきました。

今ここに座っている自分を客観的に見つめてみたときに、何を感じるのだろう……。そう問いかけ、自分という孤立した存在ではなく、すべてのものと一つになっている自分を感じるようになりました。

今まで自分を守るために、自己本位で築いた自分という壁が崩れて、その瞬間、朝日を浴びて光り輝く自分、森羅万象すべてのものと一つになっているという、新しい感覚を味わいました。目に入るすべてのものが美しく見え、神様と自分が一つ、夫婦も親子も一つであると感じられました。

囚われの自分をなくすことを、私も何度も指導してきましたが、囚われの自分を残したまま、「私心をなくす」ワークをしようとしていた自分であることを痛感しました。囚われの自分をなくして、ただすべてのものと一つになっている、これこそが本然の自分なのだと深く感動した体験でした。

✳私心のない生き方、そんな人生を歩もうと決意しました

〔50代／男性／Sさんの実践報告〕

私は礼拝で「私心をなくす」ワークを教えてもらい、言葉で導いてもらいました。最初は自分なりの思考が先走ってしまい、うまくできませ

※囚われの自分＝自己中心的な思いに囚われる自分　良心＝本心　無＝私心をなくすこと

んでした。

　それでも気を取り直して、導きに従って、この自分の思いも本然の私とは何の関係もありません……とワークをし続けると、急に草原のイメージが湧いてきて、不思議なことに草の匂いがし、自分の体の重さもなくなり、空中に浮き上がるような感覚に導かれました。そしていつの間にか、自分が風になって野原や山を自由自在に越えていくような感覚になりました。その後、身体の芯から熱くなるのがしばらく続きました。

　まるで宇宙と一体化したような、何の心配もない、母の胎中にいるような、幼い頃に感じていたような安らぎを覚え、「ああ、これが体験した皆さんが語られている感覚なのか」と分かりました。

　この体験は何だったのですか、と良心に尋ねました。すると、「風は自然の法則に従って吹き、自分勝手に行く先を決めることができない」という答えが返ってきました。

　神様に「行け」と言われた所に、喜んで行くことができる人生はどんなに素晴らしいものか……まさに私心のない生き方です。私も神様の願いに従って生きる、そんな人生を送りたいと心から思いました。

❀自分が無になれば、そこには神の愛と心情だけがあった
〔50代／女性／Kさんの実践報告〕

　最初に「私心をなくす」ワークをしたときのことです。「自分がおいしいものを食べて楽しみたいと思っているのも、本然の自分ではありません」と言葉で誘導された時に、「えっ!?」と、自分なりの思考が誘発され、素直になれませんでした。

　私は韓国ドラマを見るのが好きですが、「これも違うのだろうか?」と心に尋ねたら、良心が「君はいつもそこに逃げてきたよね」と言ってきました。

　これも囚われの思考なのかと驚き、愕然としました。神様の観点ではなくて、自分の観念、フィルターを通してずっと捉えてきたのだと自覚できた瞬間、すべてのものを受け入れられる感覚に導かれました。

客観的に見つめることで、最後に「本然の自分ってあるのだろうか」と誘導されたときに、ありのままの自分をも愛してくださっている神様の愛を感じ、母の胎中にいるときのような感覚を覚えました。何の不安もなくなり、幸せと喜びだけがある世界にいるように思えました。訳もなくうれしい心情があふれました。完全に自分が無になったら、そこには神様の愛と心情しかないこと、これが神様と一つになることなのだと感じました。

※無＝私心をなくすこと　囚われの自分＝自己中心的な思いに囚われる自分

📖 ワークシート❾
「私心をなくす」ワーク
気づきを書くことによって、ワークが格段に進展していきます！

　心の中にどんな思いが湧いてきますか？　不安、心配、恐れ、過去の痛み、焦り、○○を通して自分本位に喜ぼうとする思い、そのために今○○をしているという意識……次々と湧いてくる囚われの思いを、一つ一つ「○○と思っているのは本然の私とは何の関係もない」と心の中で連続して唱え続けます。そして、最後に「本然の自分ってあるのだろうか？」と問いかけてみてください。どんな感じがしましたか？

　[※]“囚われの自分”がなくなり、ありのままの自分をも愛してくださっている神様の愛を感じて、すべてのものと一体となっていることを感じましたか？　平安とワクワクする喜びを感じることができたら、その感覚を常に感じ取って、ワークを続けてみてください。

第4章

良心との対話

1. 自分の心の中にいる神様 —良心※—と対話する生活

◇ み言

　祈るときは、心に対して祈らなければなりません。どれほど心が願うとおりにしたでしょうか。心を後回しにしていくら神様を呼び求めても、通じません。心と一つになってこそ、通じるようになっている神様です。そのため、心の命令を中心として考えなければなりません。いつでも心を見つめて尋ねなさいというのです。父母に尋ねる代わりに、永遠の良心に尋ねてみなさいというのです。

（天一国経典『天聖経』381ページ）

　それで、良心を神様のように絶対信奉しながら、一つにするのが、修養の一番の近道です。祈祷するときも、良心に向けて話をするのです。「いかに苦労しましたか。肉身がまるっきり反対の境地に立って、言うことを聞かないので、いかに痛哭しましたか」と。そうすると、良心と自分が友達になるのです。分かりますか？　良心と話し合うのです。そうすると良心が、第一の神様の基準に立つようになるのです。

　一体化した基準で、どんどん肉身が弱まって一つになれば、それに比例して、マイナス圏が大きくなり、プラス圏と、どんどん一つになってくるので、だんだんと自分の良心が明らかになるのです。そのように一つになった境地になれば、教えなくてもすべて分かります。堕落のサタン圏に奪われ、引っ張られていったので、自分が分からなくなり、みんな反対されて、ふさがっているのです。ですから、それを完全に回せば、すべてに通じるのです。

（『文鮮明先生の日本語による御言集　特別編1』83ページ）

　良心と一緒に楽しむ時間をたくさんもたなければなりません。世間的な目で見れば、孤独で寂しい立場になっても、良心と不可分の関係を結び、最も親しい友人になってみなさい。自分の心と体の和合統一はもちろん、広大な新しい天下を見渡せる世界が発見されるはずです。

※良心＝本心

　心身一体の境地に行けば、良心と肉身が共鳴圏に立つようになるのです。釈迦牟尼の「天上天下唯我独尊」という叫びも、このような次元の心の世界において初めて理解できるのです。

　心に尋ねれば、神様が自分の心の中に入ってきていらっしゃるのか、いらっしゃらないのかを教えてくれるのです。心を通して万物万象と自由に対話をし、和動する境地に到達するのです。さらに、霊界とも自由自在に交流し、皆様の永生問題に対して、徹底した準備ができる生活を送るようになるはずです。

（『後天時代と真の愛の絶対価値』84〜85ページ ）

　神様が暮らすところとはどこでしょうか。神様は、最も価値のある愛に定着されます。男性と女性の二人がいれば、神様はどこにいらっしゃるのでしょうか。

　神様は、一体化して変わらない、統一された愛の最も根底に、垂直にいらっしゃいます。男性と女性が一つになれば、そこが中心点になるのです。神秘的な祈りの境地、霊的体験圏に入って、「神様！」と呼べば、内から、「なぜ呼ぶのか。ここにいる、ここだ！」と答えられるでしょう。「ここ」というのは、自分の心の中です。心身一体化した愛の中心点、垂直の場です。

　それでは、個人から家庭、氏族、民族、国家、世界、天宙の中心はどこでしょうか。いくら小さくても、その中心は良心です。宇宙の愛の軸がとどまるところ、支える先端の地は、自分の良心です。心身一体化した、その良心です。

（ 天一国経典『天聖経』29ページ ）

　お父様が苦労してみると、結論は簡単でした。すべて私の中にあったというのです。神様のみ前で恥ずかしさを感じました。これを知って、脱力感を覚えたのです。

　その位置を探し出すためにどれほど苦労したかを知れば、そこで涙で向き合わざるを得ない自分を見いださなければなりません。そして、皆

さんは、涙で向き合える夫と妻にならなければならず、涙で向き合える民にならなければなりません。ですから、涙なしには復帰の道を行けないことを知らなければなりません。

（天一国経典『真の父母経』1586ページ）

🎓 み言解説

　神様と出会い、良心※の声と対話して、み言（ことば）が示す絶対的基準に至っていくためには、基本となる大切なことがあります。それはみ言の訓読生活を通して、良心を強くしていくということです。霊人体を成長させるためには、み言の訓読をし、生活の中で実践し、良心を強くするのです。

　そして祈ることです。今までのような表面的な祈り方ではいけません。自分の良心に向かって真剣に問いかけ、絶対的な基準に立つ良心に肉身を従わせる、そういう祈り方です。

（→参照　『文鮮明先生の日本語による御言集　特別編1』83ページ）

　これは基本的なみ言であり、祈り方なのです。ただ一方的に言葉を神様に投げかけ、何の答えも得ようとしない祈祷ではないのです。神様に質問をし、神様が何を願っておられるのか、その答えを得ることのできる祈祷が必要です。このように、み言の訓読と祈祷を通して良心と常に対話ができるようにならなければならないのです。

❖良心に従って生活する人間に、万物は共鳴する

　『原理講論』に次のようにあります。

　神は人間を被造世界の媒介体として、また和動の中心体として創造された。人間の肉身と霊人体が授受作用により合性一体化して、神の実体対象となるとき、有形、無形の二つの世界もまた、その人間を中心とし

※良心＝本心

て授受作用を起こし合性一体化して、神の対象世界となる。そうすることによって、人間は二つの世界の媒介体となり、あるいは和動の中心体となる。（『原理講論』83〜84ページ）

　創造原理によれば、神の責任分担として創造された人間は、それ自身の責任分担として神から与えられたみ言を信じ実践するとき、初めて完成されるように創造されたのである。それゆえに、復活摂理をなさるに当たっても、神の責任分担としての摂理のためのみ言がなければならないし、また、堕落人間がそれ自身の責任分担として、み言を信じ、実践して初めてそのみ旨が成し遂げられるようになっている。

（同、216〜217ページ）

　霊人体の成長と完成は、神様から与えられたみ言を信じ実践するとき、初めてなされます。したがって、訓読と祈祷の精誠を土台に、み言の実践をしなければなりません。そのように生活をする人間が、良心を通して万物に語りかければ、神様の愛と共鳴して、万物が喜び、万物世界と渾然一体の境地を感じるようになります。

　また、霊界に行かれたお父様に対して、精誠条件をもって良心を通して祈れば、お父様が答えてくださるのです。また、お母様に対して、精誠条件をもって良心を通して祈れば、お母様から答えを得ることもできるのです。なぜなら、お父様とお母様は、神様と完全に一つになっておられるからです。

　人間は、自身の責任分担として神から与えられたみ言を信じ実践するとき、霊人体を成長させ、完成させることができ、本然の霊性をもつことができるのです。

　ですから、良心の声を啓発していくと、自由自在に万物、あるいは霊界、あるいは生きている人とも通じるようになり、良心に従って愛すれば、

即座に美が返ってきて、すべてのものと一つとなるのです。怨讐^{おんしゅう}とも和
解することができるし、疎外されていた人とも心情を共有することがで
きるし、自由な世界が生じてくるというのです。

この「自己牧会プログラム」のワークを通じて、親子関係、人間関係
が良くなったという証しがたくさん出てきています。私たちは本来、神
様の子女ですので、良心に従って生きれば、どんな人ともつながっており、
一つになることができるのです。

❖一番貴い良心が私のただ中にある

これほど貴い良心が私たちの中にあると教えてくださったのが、救世主・
再臨のメシヤである真の父母様です。私たちが地上生活において、三大
祝福を完成させるための羅針盤（良心）が、すでに私たちのただ中にあ
るのです。

（→参照　天一国経典『天聖経』29ページ）

神様が臨在しておられるこの一点を見いだすために、どれだけ身悶^{みもだ}え
したか分からない、と真の父母様はおっしゃっています。良心を見いだ
した時に、それが「私」の中にあったということを知って、脱力感を覚
えたと語られています。

（→参照　天一国経典『真の父母経』1586ページ）

お父様のみ言が、簡単に読んで過ぎ去ってしまうのではなく、体恤^{たいじゅつ}し
うるみ言となるよう実践していきたいものです。お父様が語られた世界
平和のみ言も、実体化できたら素晴らしいのです。

※良心＝本心

2. 神様のもとの人類一家族実現は良心革命から

◈ み言

　皆様、人類は、今や真の父母、レバレンド・ムーンの教えを受け入れ、交叉祝福結婚を通して「神様のもとの人類一家族」を実現する天命を果たす時を迎えました。人種、文化、宗教、国家を超越して、人類を一つにし、戦争と葛藤のない創造理想世界、すなわち地上天国と天上天国を創建することができる道は、全人類が神様のもとで一つの家族になること以外にあるでしょうか。皆様が知らない間に、真の父母様は、既に人類はもちろん、神様までも解放、釈放する後天開闢の時代を宣布し、世界の至る所で革命の炎を燃やしています。真の父母、真の師、真の主人にならなければならない真理の革命です。

（天一国経典『天聖経』1413ページ）

　良心革命は何を意味するのでしょうか。それは、良心の声に絶対服従するという内的革命です。皆様の中では、いまだに善を指向する良心の命令と肉身の欲望を追い求める肉心の誘惑が、絶えず葛藤を続けているという事実を否定できないのです。このような恥ずかしい内面の闘いを終息させるためには、良心の位置と作用を明確に知らなければなりません。

（『後天時代の生活信仰』35ページ）

🎓 み言解説

　良心は「私」にとって真の父母、真の師、真の主人です。人類一家族実現のためには良心革命が必要です。

　誰にでも良心があります。良心を中心として生活すれば、人類はみな神様のもとの兄弟姉妹であることを実感します。その土台の上で、世界平和がなされていくのです。私たちも良心を中心に生活することによって、人類が一家族なのだと実感できます。真の父母様のビジョンと確信を、私たちのものにすることが重要です。

WORK❿「良心に対して祈る」ワーク ※

　嫌な気持ち、恐れ、葛藤があったら、以下のように良心に祈ってみましょう。

「真の愛を中心として（その人、状況を）正しく見させてください」

↓

真の愛を中心として人や状況を見つめてみたら、どのような本性の姿や本然の世界が見えますか？　心にどんな答えを感じているか、気づいてみましょう。

「真の愛を中心として、正しくその人の話を聞かせてください。何を話すべきかを教えてください。何をすべきかを教えてください」

↓

心にどんな答えを感じているか、気づきましたか？

※良心＝本心　囚われの自分＝自己中心的な思いに囚われる自分

122

🎓 WORK⑩の解説

　まず良心にスイッチを入れます。そして良心と対話をします。それがワークです。良心は、「私」の中に存在する第二の神様なので、うまくいくでしょう。

　※囚われの自分が現れたときには、嫌な気持ちになったりしますが、そのときすぐに良心にアクセスして対話すれば、物事を正しく見ることができるようになります。また、本然の自分を見つめながら、祈ったらよいでしょう。間違いなく、正しい道に導かれていくでしょう。

✺「良心に対して祈る」ワーク実践の証し

✺マナーの悪い客に対してこそ「楽しんでいってください」

〔20代／男性／Oさんの実践報告〕

　私は温泉施設でアルバイトをしています。仕事の一つにジェットバスの監視業務があります。遊泳や潜水は禁止など、さまざまな規則があり、違反している客を注意するのが監視の仕事です。

　休日には多くの客でイモ洗い状態となり、もはや無法地帯です。そうなると、マナーが悪い客に対して本当に腹が立ちます。注意した客に逆ギレされたような日には一日中イライラと葛藤で苦しみます。

　そこである日、「良心に対して祈る」ワークを実践してみました。すると良心から、「プライドから違反している人を注意しているよね」「これはどんな人をも愛する訓練なんだ」「お客さんも楽しんでいるんだし、少々のことは大目に見てもいいじゃないか！（笑）」という答えがありました。

　不思議と囚われの自分から解放され、それ以降、監視業務が本当に楽しくなりました。むしろマナーの悪い客に対して「どうぞ楽しんでいってください」と思いながら注意しています。

職場の同僚や上司から「明るくなったね」と言われるようになり、アルバイトが楽しくなりました。良心へのアクセスを続けていきたいです。

❋子供が水をこぼしても「床がきれいになってよかったね」

〔20代／女性／Jさんの実践報告〕

私には小さい子供が3人います。皆さんにとってはささいなことと思われるかもしれませんが、私にとって子育てで感じるストレスの一つに、子供がテーブルの上に水が入ったコップを置いたままにして、あとからこぼして激しく泣く、というのがよくあります。

他のことでいっぱいになっていると、「あっ、またやった！」とイライラして、激しい怒りを込めて子供に叫んでしまいます。そしてあとから「もっと別の言い方があったのでは」と自分を責めて苦しむことを繰り返していました。

そこで、「良心に対して祈る」ワークを学んだので、子供が水をこぼしたときに床を拭きながら「真の愛を中心として正しく見させてください……」と祈ってみました。

すると、きれいになった床と汚れた雑巾が目に入りました。ああ、こんなに床が汚かったんだ……水をこぼしてくれたおかげで気づけたなと、今までにない穏やかな感覚で見つめることができました。

子供は私が怒るのではと不安そうに見つめていましたが、私が「床がきれいになってよかったね！」と言うと、驚いたように一緒に喜んでいました。瞬時に心情が転換される恩恵を感じました。

❋子供と「共有」するという言葉が与えられ、見つめ方が変化した

〔40代／女性／Nさんの実践報告〕

私の長男は高校生です。毎朝電車で通学していますが、いつも始業時間にギリギリ間に合うタイミングで家を出ていきます。日頃から注意していましたが、なかなか聞いてくれません。

※良心＝本心

　ある日の朝、やはりギリギリで長男は出ていきました。しかも後から「財布と定期を忘れた！　駅まで持ってきて」と電話がかかってきたのです。急いで自転車をこぎながら、「だからあれだけ言ったのに！」と責める思いが込み上げていましたが、「良心に対して祈る」ワークを思い出し、唱えてみました。

　すると、私の脳裏に「共有」という巨大な漢字が現れました。その瞬間、「彼と心情を共有してみよう」という気持ちに転換されたのです。駅に到着した時には、「間に合えばいいね！」とほほえみながら定期と財布を渡していました。自分でも驚きました。

　「共有」という言葉を意識することで、長男への見方が変わり、一人の人間として接することができるようになってきました。その後も、長男が自分から進んで勉強し始めるなど、大きな変化が起きています。

✳嫌いな同級生から「きょうも頑張ろうな！」

〔40代／男性／Nさん実践報告〕

　中学生の息子の話です。息子には、とても嫌な、自己中心的だと感じる同級生が部活に2人いました。その子たちを愛せずに苦しんでいて、そのことを日頃から親に話してくれていました。

　そのような状況の中、礼拝で「良心に対して祈る」ワークが紹介されました。息子の心に強く残ったようで、嫌いな2人を念頭におきながら、「真の愛を中心として、彼らを正しく見させてください……」と教えられたとおりに祈って、翌日学校に向かいました。

　すると、学校に到着するやいなや、いきなりその嫌な子が、近くにいた彼の仲の良い子を通り越して、先に息子に近寄ってきて、肩をポンとたたき、「きょうも頑張ろうな！」と声をかけてきたというのです。

　あまりにいきなりだったので、本当に驚いたそうです。しかし、心の中で自分の良心が喜んでいるのを感じたというのです。祈りが聞かれ、導かれるという神体験ができたのです。

📖 ワークシート❿
※
「良心に対して祈る」ワーク
気づきを書くことによって、ワークが格段に進展していきます！

　嫌な気持ちになったとき、良心にアクセスして、祈り、その結果自分の心がどう変化しましたか？　どのような展開や違った世界が見えるようになったのかを書いてみてください。

-

-

-

-

-

　良心は「私」を担当する、「私」の中に存在する第二の神様です。その良心に祈ったら、結果がどうなったのかを積み上げていきましょう。

※良心＝本心

3. 「良心を感じ取る」ワーク

◆ み言

　大変革の時代に平和の主役として立ち上がろうとすれば、私たちはどのような生活をしなければならないでしょうか？

　第一に、感謝する生活をしなければなりません。全てのことに感謝する生活は簡単ではありませんが、感謝する心には、心と体が統一されます。心を空にして悔い改めるとき、感謝する生活が始まります。天の父母様が常に私と同行し、苦楽を共にされることを、いつも気づき、見て、感じる修練をしなければなりません。常に喜び、休むことなく祈らなければなりません。そのようにすれば、小さなことから万事に至るまで、私の周辺が幸福になります。

　第二に、許す生活をしなければなりません。夫は、アメリカで無念にもダンベリーの監獄に行きましたが、「私のために祈るのではなく、アメリカのために祈りなさい」とおっしゃいました。アメリカを動かし、世界を救うために、あらゆる努力を注がれました。その結果、多くのアメリカの指導者たちとキリスト教の牧師たちが冷戦終息の先頭に立ったのであり、それ以降、超宗教平和運動に共に力を合わせています。自分の罪を許すように、人の罪を許せば、天は驚くべき恩賜を施してくださるのです。

　第三に、愛する人生を生きなければなりません。真の愛は、ために生きて、またために生き、投入して忘れてしまう愛です。自分のために生きる人は、最初はうまくいくかもしれませんが、結局は破綻してしまいます。天理原則がそうです。私たちは、教会より世界のために全てのものを投入してきました。韓国協会の建物が古くなっても建て替えることができず、50年目にようやく新築したほどです。そのため、祝福家庭の生活が経済的に困難であることを知っています。摂理を発展させるためのその精誠と犠牲は、天が決して忘れないでしょう。

　第四に、一つになる生活をしなければなりません。天の真の愛を中心として本心と良心が一つになり、心と体が統一されなければなりません。

家庭で父母と子女が和睦し、世界で国と国が和合し、そして天上と地上が合徳すれば、恒久的な平和理想世界はそのとき実現されるのです。

　一つになれないのは、中心がないからです。兄弟間の争いは、父母がいないときに起きやすいのです。父母の思いがよく分からず、深い心情をよく推し量ることができずに起きるのです。真の愛を中心として心情の絆を結んでこそ、父母の思いが分かるようになります。父母と一心、一体、一念、一和を成すようになるのです。考えと感情と言葉と行動が一つになって現れます。神様を父母として侍（はべ）って生活すれば、人と自分は二つではなく一つの血統であり、同じ兄弟姉妹であることを感じるようになるでしょう。私の中の多くの煩悩を断ち切ることができ、兄弟間と同じである国家間の戦争も終結することができます。

（グローバル・ユース・フェスティバル2014　韓鶴子総裁基調講演文「未来の平和世界に向かう道」『トゥデイズ・ワールド・ジャパン』、2014年11月号、11〜12ページ）

🎓 み言解説

　お父様は、「許せ、愛せ、団結せよ」と語られました。お母様も、「感謝し、許し、愛し、一つになりなさい」と言われています。そのみ言を確認してみましょう。良心※は、4つのキーワードで方向性が明確になっているのです。

（→参照　「未来の平和世界に向かう道」）

「第一に、感謝する生活をしなければなりません」

　お母様の生活信条を相続して、私たちもこのように祈りながら、神様の愛を実感できる修練をし続けることが必要といえます。

「第二に、許す生活をしなければなりません」

　人を許すということですが、同時に、私たち食口（シック）は自分を許せなくて苦しむことも本当に多いと思います。良心に従って、自分を許してみてください。大丈夫なのだと、自分を認めてください。そうして、本然の

※良心＝本心

自分を思い描いてみてください。

「第三に、愛する人生を生きなければなりません」

　喜んでもらいたいという心情ですべてのものに愛を投入し続けます。そのような心情、愛は永遠に残ります。

「第四に、一つになる生活をしなければなりません」

　お母様ご自身が、本当に神様を父母として侍って暮らしていらっしゃることが、このみ言を通して分かります。「神様を父母として侍って生活すれば、人と自分が、二つではなく一つの血統であり、同じ兄弟姉妹であることを感じるようになるでしょう」と語っておられます。

　この4つのキーワードを通して「良心を感じ取る」ワークをしてみましょう。良心のない人はいないのです。良心を誰でも感じているはずです。そこで、誰でも良心を感じ取っていることに気づくワークをしてみましょう。

WORK⑪「良心を感じ取る」ワーク ※

良心は、許し、愛し、一つになり、感謝する方向に導きます。そうなれば、誰でも良心を感じ取ることができます。

① 許す

本然の私は、その人（状況）に対して、本当はどう思っているのだろう？

嫌い、憎んでいるだろうか？

それともすでに許し、愛しているだろうか？

➡ 心ですでに感じている思いは何ですか？

② 愛する

ⓐ 私とその人は神の子女ですか？➡ 良心の声は？

神様はその人を愛していますか？➡ 良心の声は？

その人と私は兄弟姉妹ですか？➡ 良心で感じている思いは何ですか？

ⓑ 本然の私はその人を愛したいですか？

➡ 良心の声は？　良心で感じている思いは何ですか？

ⓒ その人を愛するため、喜ばせるために、少しの勇気と決意を持ってできることは何ですか？

➡良心で感じている思いは何ですか？

③ 一つになる

少しの勇気と決意で、その人とささいなことでも共に笑える、喜べることとはどんなことですか？

➡ 心に浮かんでいることは何ですか？

④ 感謝する

その人に以前助けられたこと、お世話になったこと、守られたこと、感謝できることなどを思い出せますか？

その人との感謝の思いに、光を投げかけてみて、今までより３倍、10倍になるように照らしてみましょう。光が共鳴する一体感をしばらくの間感じてみましょう。

※良心＝本心　光＝神の愛

🎓 WORK⓫の解説

　改めて、許せない人、愛せない人、一つになれない人、感謝できない人を思い描いてみてください。その人に関して、今から問いかけますので、問いかけた内容について、あなたの良心からのメッセージを感じ取ってください。良心は素早く答えを与えます。もう答えはそこにあるという感覚なので、それを感じ取ってください。

〈実際に良心に問いかけてみてください〉

1. 許す
本然の私はその人に対して、どう思っているのだろうか？

　嫌い、憎んでいると言っていますか？　それとも本当は許していると言っていますか？　愛していると感じ取っていますか？　良心は何か答えを感じ取っていますか？　このように問いかけたとき、良心はすでに答えを感じているということです。それに気づくのです。

2. 愛する
ⓐ私とその人は神の子女ですか？

　良心の答えを感じますか？　私はそうだけど、その人は神の子女じゃない、と言っていますか？

　・その人も神の子女だと言っていますか？
　・神はその人を愛していますか？
　・神もその人を愛していると言っていますか？
　・その人と私は兄弟姉妹ですか？
　・良心に感じている思いは何ですか？

ⓑ本然の私は、その人を愛したいですか？

　良心の声は何と言っていますか？　愛したくないと言っていますか？　愛したいと言っていますか？　良心はすでに答えを持ってい

ます。それをキャッチして、その声に聞き従っていくのです。

© その人を愛するために、喜ばせるために、少しの勇気と決意で
　できることは何ですか？　良心で感じている思いは何ですか？[※]

　良心は、もうすでに答えが分かっているはずです。ですから、そ
の小さなことをしてあげます。

　笑顔で話を聞いてあげたり、何かを手伝ってあげたり、電話をか
けて励ましたり、本当にささいなことかもしれませんが、そういう
ことから愛が生まれてきます。結果を心配してはいけません。

3. 一つになる

　少しの勇気と決意で、その人とささいなことでも共に笑える、喜
べることはどんなことですか？　心に浮かんでいることは何ですか？

　良心に尋ねれば、すでに良心は答えを知っています。そのことを
実践したらよいのです。そうしたら自分が解放されます。

4. 感謝する

　その人に、以前助けられたこと、お世話になったこと、守られた
こと、感謝できることなどを思い出せますか？　心に浮かんでいる
ことは何ですか？

　その人と、その人に対する感謝の思いに光を投げかけて、「○○[※]
さん、ありがとう」と言って、その光をさらに３倍、10倍になるよ
うにして、「私たちは一つです。神様感謝します」と、このように祈っ
たらよいのです。

　誰でも良心をすでに感じているのです。自然なことなのです。こ
のことを忘れてしまっているのです。

　ですから、良心に気づくようになれば、小さなことから大きなこ
とまで、いつでも良心は教えてくれます。そして、自分本位の思い
とは全く違う、愛に根差した、的確な知恵を与えてくれます。名案
を与えてくれます。自分なりの観点からではなく、すべてを生かす

※良心＝本心　光＝神の愛

ことができる導き方をしてくれるのです。

　ですから、良心に問いかけるのです。質問するのです。質問したら良心はすでに答えを知っているというのです。言葉には出さなくても、良心と「こうですか?」「そういうことですか?」と対話をするのです。「良心を感じ取る」ワークをすることで、良心との対話が導かれていくのです。

　良心に、「では、こういうときはどうするのですか?」と尋ねると、「こうだよ」という答えが返ってきます。「そうですか。でも、それは難しいことです。できません。どうしたらいいですか?」と尋ねれば、「では、こうしなさい」と答えが返ってきます。

　心にある思い、それを捉えて、良心と対話してみてください。自問自答していくと、良心に導かれていくことを実感できるでしょう。

✤「良心を感じ取る」ワーク実践の証し

✤邪心では批判したが、良心では「愛している」と

〔40代／男性／Eさんの実践報告〕

　あるみ旨の評価で、私が責任を持つ部署が2位だったときのことです。責任者の方から「なぜ1位ではなかったのか?」という言葉を投げかけられました。責められたように感じた途端、現場で実務を担当している兄弟の顔が思い浮かびました。「あいつ、しっかりやっているのか!」と追及する気持ちがにわかに湧いてきました。

　これではいけないと思い、「良心を感じ取る」ワークに取り組みました。彼も神の子女で、彼と私は兄弟ではないか、と良心に問いかけていくと、その兄弟が夜遅くまで必死にみ旨を行う姿が思い出され、心が平安になっていきました。

一つが解決されると、今度は「他の部署の責任者がうそを報告しているのでは？」という疑心暗鬼の思いが心を覆い始めました。そこで「神様はあの兄弟を愛していますか」と良心に尋ねてみると、「そうだ、愛している」との答えが返ってきたのです。彼も全体のために精誠を尽くして歩んでいる兄弟なのだ、と気づきました。

　心の目で見たら、誰もが一生懸命にVISION2020に向かっている、共に勝利していきたいという心情を持つ兄弟なのだという思いが与えられ、「今ここ」が平安な天国になりました。

❋「許すこと」で一つになれるのだと腑に落ちました

〔70代／女性／Gさんの実践報告〕

　私は息子夫婦と同居しています。なかなか時間主管ができない嫁との葛藤があり、「思いどおりでなくても大丈夫」と唱えて努力はしていたのですが、なかなか壁を超えられずにいました。

　「良心を感じ取る」ワークの指導を受けて、早速取り組んでみました。「私もこの人も神の子女だ。神様はその人を愛していますか？　本然の私はこの人を愛したいのだ」と一つ一つ感じ取っていくと、次第に自分の中の良心を確認することができました。目の前のことだけに囚われず、許していくことで、一つになることができるのだと腑に落ちました。

　その日、嫁の帰宅が20時頃になると聞いて、車で迎えに行こう、という思いになりました。「遅くなったな」という思いではなく、「坂道を歩いたら大変だろうな、夜道は大変だろうな」という優しい気持になり、嫁が喜ぶためにできる小さなことが与えられました。

　許し、愛し、一つになり、感謝するということの意味が、初めて分かった気がしました。

※良心＝本心　心の目＝神の目　光＝神の愛

❀全員に光を感じて一つになれた

〔40代／男性／Hさんの実践報告〕

　私の妻のお母さん（以下、義母）が、唐突に私に「あなたのご両親に謝ってほしい」と強く言ってきたことがありました。「何をいまさら、私の両親に謝れと言うのか？」と嫌な気持ちになりました。

　心の目で見ると、「義母も何かでいっぱいになっていて苦しんでいる一人の兄弟姉妹であることが分かり、そうであるならば、きちんとその言葉に向き合おう」という思いに導かれました。

　すると、妻が私と所帯を持つことを迷っていたとき、義母が「行ってきなさい」と妻の背中を押してくれた過去が思い出されました。すべてを受け止めて、義母と両親に光を送ることにしました。

　両親に事の経緯を伝えたところ、父は真摯に「すぐ謝りに行こう」と言ってくれました。さっと心情が通じたことに驚きました。

　父の言葉を義母に伝えると、「その言葉だけで十分です」と、それまでの気持ちが収拾されました。唐突に謝罪を求めた背景を、涙ながらに語ってくれるようにもなりました。父の姿勢にも真実の輝きを感じました。全員に光を感じて、一つになれた恩恵を感じました。

📖 ワークシート⓫
※
「良心を感じ取る」ワーク
気づきを書くことによって、ワークが格段に進展していきます！

　近寄り難く一つになれない人、または葛藤している人をイメージして行います。

①許す―良心がすでに感じていることは何でしたか？

②愛する―良心がすでに感じていることは何でしたか？

③一つになる―心に浮かんでいることは何ですか？

④ 感謝する―心に浮かんでいることは何ですか？

　感謝の思いをもって光を投げかけ、その光をさらに３倍、10倍になるようにして照らし、それらの人と共鳴するのを感じることができましたか？その体験を書いてください。

※良心＝本心　※光＝神の愛　自覚＝本然の自分

ワーク紹介

WORK⓬「良心との対話」のワーク

嫌な気持ちになったとき

①自覚※を取り戻す。

②「真の愛を中心として正しく見させてください」と良心に問いか
けて、良心と対話をしてみる。

③心の中にすでにある、感じ取っている答えをあえて言葉にして
みる。

「○○ですか？」と聞き直してみる。

④「本当にそうですか？　私に何ができますか？」と良心と対話して
みる。

⑤良心からの回答をあえて言葉にしてみる。

「○○ですか?」と聞き直してみる。

⑥それに対して、さらに問いかけ、確認してみる。それを繰り返して
みる。

⑦最後に客観的に確認してみる。

・「自分が正しい」と言って人を批判していないか

・真の愛を中心として自分の心が自己牧会されているか

＜原則＞

・良心は正しい行いを示し、むやみに人を批判しない

・良心は嫌いな人も自分も、誰もが幸せになることを願っている

・良心は真の愛に基づいて、人や環境に変わることを求めず、む
しろ自分が喜んで何ができるかを教えてくれる

本然の自分に向かって自問自答します。

🎓 WORK ⑫の解説

「良心との対話」のワークのポイントを確認してみます。

ワークの最後に客観的に確認してみることが大切です。「自分が正しい」と言って、むやみに人を批判していないかを確認します。自分だけが正しいとして、人を批判しているとしたら、それは良心ではなく、邪心に主管されているのかもしれません。

こういうことをはっきりしておかないと、分派とか霊的集団とかの問題につながりやすいのです。ある分派が主張しているように、「良心に従って教会（家庭連合）を出ていきなさい」とか、「家庭連合の教会には通わなくていい」と、教会を否定する時点で、明らかにこれは良心ではなく、邪心に主管されているのです。

そして、真の愛を中心として自分の心が平安になり、自己牧会できているかどうかを確認します。もし、憎しみがますます増してきたなどということになるならば、それは良心との対話ではないのです。良心と対話したならば、間違いなく心が平安に導かれ、心情が整理され、自己牧会されるという、体験をするはずです。

また、良心は、今、私が愛をもってどのように見つめるべきなのか、人や社会、国家、そして世界のため、私に何ができるのか、そういう観点で自己牧会して教えてくれるのです。

ですから、「私は神の声を聞いた！　だから私に従いなさい！」と言って、周りを巻き込みながら、非原理的方向に引っ張っていく霊的集団の行動などは、論外なのです。良心と対話することにより、自分への恩恵として、気づきが与えられるのです。自分の良心は、自分だけを担当する「第二の神様」です。自分のことについて教えてくれるのです。

占い師や霊能者などに「あなたは良心の声が聞けるそうですね。私の

※良心＝本心

138

将来はどうなりますか?」と、そんなたぐいの質問をしてみても、何の意味もありません。あなた自身が、あなたの良心に聞かないといけないことなのです。自分のことは自分の良心に聞けばいいのです。

　良心は絶対に人を否定しません。自己中心的な立場で否定するのではなく、どうしてああいうことを言ってきたのだろう、どういう事情があるのだろうと、相手の立場に立って考えるように導くのです。場合によっては、自分や人の間違いを正し、許して、愛して、一つになって導いてあげなければならないことがあるでしょう。それは、自分や人を否定することではありません。

❖良心は自分だけが正しいと自己主張しない

　正しいと思うことは決して悪いことではありませんが、自分だけが正しいとして人を批判すると、許して、愛して、一つになって導いてあげることができません。自己主張ばかりしていると、いつの間にか邪心に主管されてしまうことにもなるのです。

❖良心は嫌いな人も自分も、誰もが幸せになることを願い、その方法を教えてくれる

　自分や人を嫌いになるのは、自分の心の姿勢が誤っていることが多いことに気づくからです。良心は、どんな人も許し、愛し、一つになろうとし、むやみに人を嫌いになることはないはずです。

❖良心は真の愛に基づいて人や環境に変わることを求めず、むしろ自分が喜んで何ができるかを教えてくれる

　「良心との対話」のワークを行った人たちの証しは、たくさんあり、どの証しを紹介すればよいのか迷うほどです。いくつかの証しを参考にして、「良心との対話」のワークを行ってみてください。

✽ ※「良心との対話」のワーク実践の証し

✽「あなたが全部やってあげたら、夫は喜ぶよね」

〔30代／女性／Hさんの実践報告〕

子供の幼稚園の運動会があった日のことです。朝早く出て、運動会を終えて戻ったら17時前でした。休む間もなく、料理を作らなければなりません。台所に立って食事を作り始め、ふと後ろを振り返ってみると、夫は何もしないでくつろいでいました。それを見て、心の中に葛藤が生じました。「手伝おうかと言ってくれたらうれしいのに」という要求の気持ちです。

※自覚を取り戻して、「真の愛を中心として正しく見させてください」と良心に問いかけたら、「あなたが全部やってあげたら、夫は喜んでくれるよね」と答えがありました。「全部私が!?」と驚いて、もう一度「本当に私が全部やったらいいの?」と尋ねてみたら、「神様は与えても与えても、なお与えたい心情なんだよ」という声が返ってきました。

そういう気持ちで家事に取り組んだことはなかったとふと気づき、「頑張ってみよう」と素直に思いました。「そう言えば、夫は家族に一度も声を荒げたことがなく、何かを頼めば必ずやってくれる、本当に良い人だなあ」と穏やかな気持ちになり、気づいたら料理ができ上がっていました。

✽教会を否定してくる婦人も「親心からだったんだね」

〔20代／男性／Hさんの実践報告〕

その夜、私は所用のため教会に向かっていました。弾む心で歩いていたところ、ある宗教団体の婦人から勧誘のために声をかけられました。急いでいたので、断ったのですが、しつこく勧誘してきました。ついに、「僕は世界平和統一家庭連合の二世で、スタッフをしているんです」と言ったのですが、それでも全く引き下がりませんでした。その婦人は、さんざんな言葉で教会を否定してきました。さすがに私もイライラしてきて、それが態度にも出てしまい、気まずい別れ方をしました。

※良心＝本心　自覚＝本然の自分

　翌日になっても心が晴れず、その宗教団体に苦情を入れようとまで考えました。ただ、お互いに「自分が正しい」と思っていることに気づき、良心に対して「真の愛を中心として正しく見させてください」と問いかけてみました。すると、「あの婦人はあなたを心配してくれたんだよ」と意外な答えが返ってきました。「本当ですか？」と再び良心に問いかけると、「あの婦人なりの親心だったんだね」という答えが返ってきて、「婦人とその宗教団体が早く真の父母様を受け入れますように」と考えられるようになり、平安に導かれました。

✳「あなたの妻は、あの美しい空と海のようだ」

〔30代／男性／Mさんの実践報告〕

　ある時、「妻を待ち続ける」という内容の夢を見ました。なかなか妻が来ないので、息抜きしようと外に出ると、そこにはとても美しい空と海が広がっていました。「こんなにも美しい世界が近くにあったなんて」という驚きとともに目が覚めました。

　心に深い癒やしを感じていたので、良心に「真の愛を中心として正しく見させてください」と問いかけたら、「あなたの妻は、あの美しい空と海のようだ」という返事が返ってきました。「え？　本当ですか？」と自問自答すると、「おまえはあの美しい空と海のような妻に、もっと委ねたらいいね」と答えが返ってきました。

　何を委ねるべきかは、すでに分かっていました。それは、氏族に関することです。反対牧師につながっていた両親と私の心情関係は複雑でした。一方で、妻は不思議と両親から信頼されていました。

　ですから、私が妻を信じ、妻に委ねて両親に向かえばよかったのですが、「私の複雑な気持ちがあなたに分かるのか？」という不信のゆえに、なかなか妻と一体化できていなかったのです。

　それからは妻と二人三脚を心がけるようになりました。親子関係は改善し、10ヵ月後には結婚披露宴を開くことができるところまで導かれました。良心は、私だけを担当する「第二の神様」だったのです。

📖 ワークシート⓬
「良心との対話」のワーク
気づきを書くことによって、ワークが格段に進展していきます！

ワークの①〜⑦のプロセスで、良心との対話ができましたか？
過去の自分なりの思考と良心との対話の内容を書いてみましょう。
★短くても、長くてもOKです。

過去の自分なりの思考：

良心の声：

過去の自分なりの思考：

良心の声：

　　最後に、書き留めた良心との対話を客観的に見てどのように感じますか？
良心からのメッセージを書き留めると、「気づき」を実感しやすいのです。

※良心＝本心

第5章
本性を引き出す
ための祈り

1. 「神の祝福を願う祈り」のワーク

💎 み言

あなた方を迫害する冷酷な人がいた時、

その人に向かって怒鳴り返さず、

涙をもって、

神様の祝福が彼らの上にも

注がれるように祈ってあげるとしたら、

神様はあなた方に同情し、

祝福してくださるでしょう。

他人のために常に祈ることによって、

あなた方は神様の心情に近づいていくのです。

どれほど困難な道であっても、

固い決意をもって歩みなさい。

そうすれば神様が、

「私の子よ、

私はいつもおまえのそばにいる」

とささやいてくださるでしょう。

(『こころの四季』64〜65ページ)

🎓 み言解説

　自己牧会プログラムでは、良心※との対話を通して本然の自分を中心とした生活を目指しますが、この章では、神様から与えられたその人の本性を維持し、高めるための内容について取り組みます。

　まず、「神の祝福を願う祈り」です。これは、本性に従って生きようと

※良心＝本心

努めたある兄弟の実践から生み出されたものですので、まずその証しを
紹介します。

❖人の幸福を祈ると嫌な気持ちが瞬時に解ける

　私が教会に来て、良心と対話し、その声を聞き、自己牧会をするよう
になると、恩恵が与えられるようになりました。ですが、それでもなお、
依然として邪心の思い、堕落性の思いが湧き起こってくることがあります。
それをどうやって克服していくのかが問題でした。
　み言を訓読しても、祈っても、神霊に接して心が癒やされる体験がで
きませんでした。訓読と祈りによって、すべての人に対する思いを、愛
によって満たしていくという作業ができなかったのです。そこで、ため
に生きる生活を実践しました。今まで以上に、徹底してために生きる生
活をし、自分という観念がなくなるまで、掃除など、ために生きる実践
をしたのです。
　「思い上がった自分を、謙虚にさせてください」と祈りながら、素手で
トイレ掃除をしたり、愛することが難しい人のスリッパを、心を込めて
拭いたりしたのです。そのようにして、奉仕の生活に徹していくと、自
己中心の思いが消えていって、いつしか怨讐が怨讐でなくなるという体
験をしました。この時、祈りと実践の恩恵を実感しました。
　「ああ、こうやって邪心を克服していくのだな」と分かったのですが、
その道のりはあまりにも難しい道でした。比べることはできませんが、
これがお父様の勝利してこられた路程であると思えてきて、「過酷な歩
みだったのだな」と思えました。今までの自分に負けてはいけないという、
生活を続けていかなければならないので、ある一つの基準に到達できた
と思っても、安心した瞬間にまた元に戻ってしまうのです。邪心を克服
することはあまりにも難しくて、誰もが同じように簡単にできるもので
はないと、率直に感じました。
　そういう奉仕生活の繰り返しの土台の上に、み言を訓読し、祈ること
によって心が穏やかになり、平安になって、許し難い人をも許すことが

できることを感じていくようになりました。そして、ある人に対して嫌な感情が湧いたときには、「そうだ、その人の幸せのために祈ってみよう」と思い立ち、その人の幸せを祈ったのです。そうしたら、いとも簡単に、その人に対する嫌な気持ちが瞬時に解けていったのです。

　「こんな魔法みたいなことがあるのか」と思いました。完全に自己否定して、ために生きる奉仕の生活をしてきた土台の上で、こういうふうに人の幸せを祈ったら、こんなにも簡単に心が変わってしまうものなのかと、自分でも驚いたのです。「これだ！」と思いました。

　人々の幸福を祈りながら、ために生きる実践をするという生活こそ、お父様が生涯、貫かれた生き方なのです。

（→参照　『こころの四季』64〜65ページ）

　この証しのように、たとえ怨讐の人がいても、彼らの上にも祝福があるようにと、彼らのために幸せを祈り、ために生きる生活を実践することで、神様の心情に近づいていくのです。神様が常に私と共におられることに気づくようになります。ですから、お父様も怨讐のために祈ってあげなさい、すべての人の幸せを祈ってあげなさいと言われ、実践しておられるのです。そのような生活を私たちも実践していけばいいのです。

WORK⓭「神の祝福を願う祈り」のワーク

　伝道で出会う人、または愛しにくい人に対し、神様の立場に立ってそれらの人々の祝福を願いながら祈ってみましょう。

　○○の所にあなたの愛しにくい人の名前を入れて唱えてみてください。

○○さんが□□の仕事で成功し、最高の笑顔で輝いています！
家では夫婦・親子で笑顔と笑い声があふれています！
○○さんの生涯は、
多くの人々に感動と喜びを与え、感謝されています！
そんな○○さんの姿が本当にうれしいです！
それが私の喜びであり、幸せです！
神様、ありがとうございます！
感謝いたします！

🎓 WORK⑬の解説

　嫌いな人、近寄りにくく一つになれない人、憎んでいる人の祝福を願って祈ることは大変難しいことです。「神の祝福を願って祈る」ということを聞いただけで、「そんなことはできない」と思うかもしれません。

　ですが、まずは形からでもいいので始めてみてください。それがポイントです。最初は、心の底から思えなくてもいいので、まず実践して、心の中で唱えてみるのです。声に出さなくても大丈夫です。そうすると、本当に不思議なことに、嫌な気持ちが去っていくのです。心が平安になっていきます。これは即効力があります。実践すればすぐに感じます。

　結局、自分や周りの人々を否定しているから、苦しみを心に感じてきたのです。しかし、この内容を心で唱えてワークをしていけば、自分や周りの人々を受け入れていくことができるようになり、嫌な気持ちが収まり、消えていきます。そして、あなたが持っている本性、自由と平和と統一と幸福があなたにも戻ってきます。本然の自分になることができるのです。本然の自分は誰も、また何も憎んでいないのです。許して、愛して、一つになって、感謝しているのです。このようにして本然の自分を取り戻すことができるのです。

　この内容を実践しながら、伝道活動をしている兄弟姉妹たちが増えてきています。出会う人、出会う人に対して、「この人が幸せでありますように」と「神の祝福を願う祈り」のワークをしながら歩みます。「いつもありがとうございます。元気でいてくれてありがとうございます。素晴らしい生涯になりますように」と心で祈り、愛することを実践していくのです。

　そうすると、次第に自分の中に真の愛が育ち、神様の神霊と共鳴するようになり、自らの内から喜びがあふれてくるようになります。そして、そのような生活をすると、各自の霊人体が成長し、光を放つ生霊体となっていくのです。街の雑踏や路地裏でも、どこであっても、そこが天国の

ように感じられる自分になるのです。

　心の中に天国をつくる自分になれば、すべてのものがそのように見えてくるということです。真の愛の花を心の中に咲かせる、そんな祈りのワークになります。するとどんどん心が晴れていき、固く閉ざされていた心がすべての人、すべてのことに対して開かれ、堕落性が少しずつ脱げていくのです。

　ある中学1年の学生が、部活動でどうしても好きになれない人がいたのですが、その人の上に、神様の祝福があるよう願って祈ったそうです。すると翌日、その好きになれない人が近寄って来て「一緒に遊ぼう」と言ってきたというのです。あんなに嫌いだった人と喜んで一緒に遊ぶことができ、祈りの強さを実感したのです。

　「神の祝福を願う祈り」のワークは、中学生ぐらいでも実践できる内容ですし、この祈りを通して本然の自分に気づき、そこに帰っていくことができます。お父様が言われたように、嫌な人の上に、神様の祝福があるように祈ってあげれば、自分自身の心が神様と共にあるのです。

✽「神の祝福を願う祈り」のワーク実践の証し

❋長年の課題が解決した

〔50代／女性／Iさんの実践報告〕

　私は自分の話したことに対する人の言動に、引っかかってしまうところがありました。私の言うことを素直に受け止めて、「そのとおり」だとか「はい」と答えてくれれば引っかからないのですが、私の発言に対して違う意見を言ってきたり、話を混ぜ返したりしてくると、自分が否定されたような気持ちになり、その人を責める気持ちが湧いてきました。

　30年以上の信仰生活の中で、いつも同じ葛藤を繰り返し、結果的に言葉の応酬で人間関係に溝ができ、修復されないまま、相手が自分にとって怨讐になってしまったように思います。

　しかし、こういう一番苦手なタイプの人に対して「神の祝福を願う祈り」を捧げていくと、一瞬にして相手に対する葛藤がなくなります。心から慕わしい思いになり、相手の方が笑顔になっている姿が目に浮かんできて、優しい気持ちになっていくことができます。

　「神の祝福を願う祈り」のワークを行うことで、長年、解決ができなかった課題を、いとも簡単に越えていくことができ、深く感謝しています。

❋涙と助けたい気持ちがとめどなくあふれてきた

〔40代／男性／Mさんの実践報告〕

　ある60代くらいのサラリーマンの男性が自分の目の前を通っていきました。スーツはよれよれで、革のカバンは擦れて下地の部分が見えていました。うなだれてとぼとぼと歩くその男性の姿を見つめながら、「神の祝福を願う祈り」のワークをしてみました。

　「お父さん、頑張っているんですね。ありがとうございます」「そんなにぼろぼろになりながらも、何のために頑張っているのですか？」と、男性の幸福を願いながら、光と自分の思い（心の声）を投げかけてみました。すると、その方の良心から、「家族のためだ！」という声を感じ取

※光＝神の愛　良心＝本心

150

ることができました。

　「家族のためなんですね……きょうもつらいこともあるかもしれませんが、頑張ってくださいね」と自分の思いを投げかけると、私の心の奥底から我知らず熱い思いが込み上げてきて、涙があふれてきました。すると、目に映るすべての人が慕わしくなり、「助けてあげたい」という気持ちが際限なく湧き起こってきました。

　真の父母様が語られる「神様のもとの人類一家族」の心情圏が、このワークを通して育まれるのだなと実感することができました。

❉許せない上司を許したら、人生に大転換が起きた！
　　　　　　　　　　　　〔50代／男性／Oさんの実践報告〕

　ある時、「許せない人はいないか？」と良心に尋ねてみました。すると、かつて一緒の職場にいた、2人の上司の顔が思い浮かびました。その2人の方の名前を挙げて、「神の祝福を願う祈り」のワークを始めましたが、最初は名前を唱えることにも抵抗がありました。

　ワークを始めて三ヵ月目のある日、形だけながらも祈りの文言を唱えていると、過去の記憶が蘇ってきました。20代の自分が、2人の上司に怒鳴られている場面です。自分は萎縮して怯えているのですが、それを客観的に見ている今の自分は、「上司もつらかったのだな」と理解できたのです。

　すると、心の底から「30年も前のことなのだから、忘れてもいいんだよ」という思いが浮かんできました。「そうか、もう忘れていいんだ、許していいんだ」と心から思えました。温かい心に転換されたのが分かりました。

　それまで、街頭伝道でアポイントをとっても、来館してくれないことが17回連続という状態でしたが、この心情が転換されて以降、1年半で20人がワークの受講決定をし、そのうち6人は教育部で学んでいます。「神の祝福を願う祈り」のワークを通して自分が解放され、人を生かすという自分の本来の願いをかなえることができました！

📖 ワークシート⓭
「神の祝福を願う祈り」のワーク

気づきを書くことによって、ワークが格段に進展していきます！

「神の祝福を願う祈り」のワークを誰に対してやってみましたか？ その結果、自分の心がどのように変化しましたか？

-

-

-

-

　「神の祝福を願う祈り」のワークは、心の目で見ることであり、天の父母様の真の愛を相続する祈りです。出会う人々に対して、積極的に実践してみましょう。

※心の目＝神の目

2.「孝情を啓発するための祈り」のワーク

◈ み言

苦しい試練の時、
私は狼狽（ろうばい）して祈ったことはありません。
「神様、あなたのみ旨はなされます。
私は勇気ある子供として生き、
そして死にます。
どのような苦しみも
私の歩みを止めることはできません。
私は進んでいきます。
神様みていてください」

（『こころの四季』45ページ）

◈ み言解説

　「孝情を啓発するための祈り」、これが一番難しいかもしれませんが、短期間に自分を飛躍させることができる内容です。真の父母様の勝利圏に対し、あるいは神様に対して孝情を捧げていくことのできる、そういう子女としての姿に最も早く至ることができる祈りといえるでしょう。

　神様と人間は親子の関係であり、お父様は神様に親孝行したいという心情で生涯を駆け抜けられました。お父様は、神様に対して「助けてほしい」と言うことや、何かをお願いしたことがないと言われます。そのようなお父様の姿勢を私たちも相続していくために、「孝情を啓発するための祈り」のワークがあります。

（→参照　『こころの四季』45ページ）

　真のお父様は、興南（フンナム）の収容所に行かれるときも、苦労しに行くというよりも、自分の実力を発揮するのはこれからだという気持ちで入って行

かれたといいます。収容所で神様が準備された人はどんな人なのだろうか、どんな環境を準備しておられるのだろうかと、希望を抱いて入って行かれました。

「お父様、心配なさらないでください。文鮮明はまだ死にません。こんなふうにみすぼらしく死んだりしません」（『平和を愛する世界人として』光言社版、110ページ）と。

また朝鮮半島が南北に分断されたときには、真のお父様は38度線の地点に立たれ、片方の足を韓国に、もう片方の足を北朝鮮にかけて、「今はこのように強く押されて南下していくとしても、必ずもう一度、北上していきます。自由世界の力を集めて、必ず北朝鮮を解放し、南北を統一します」（『平和を愛する世界人として』光言社版、129ページ）と祈られました。

そのような祈りの姿勢を私たちはどのように相続していったらよいのでしょうか。

❖結果を心配しないで神に委ねて祈る

神様に喜びをお返ししていくためには、結果を心配しないで祈るということが大切です。「お父様、心配なさらないでください」という祈りの内容ですから、「できなかったらどうしようか」とか、そのようなことを心配していたら、「孝情を啓発するための祈り」のワークはできません。

もしも精誠を尽くしたのにできなかったとすれば、その結果を咎めるような神様、真の父母様ではないのです。その孝情に対して、神様も真の父母様も喜ばれ、涙を流されるのです。大切なのは、その心情の姿勢なのです。ですから、その孝情を天の前に一途に捧げながら祈ること。それこそが最も美しい心の姿勢、孝情であるというのです。

ですから、行動する前に結果を心配しないことが、「孝情を啓発する

ための祈り」のワークの前提としてとても大切なことです。それをしっかり理解していれば、「孝情を啓発するための祈り」のワークをすることができるでしょう。また、疑わないで祈れば、そのとおりになっていくようになるのです。そのことを決意し、「孝情を啓発するための祈り」のワークをすることは、すでに本然のあなたがそのようにしたいと願っているからです。あきらめず、絶えず祈り続けてみてください。きっと、その祈りが実現することでしょう。

ワーク紹介

WORK⑭「孝情を啓発するための祈り」のワーク

結果を心配しないで、天に対してどのような形で孝情を捧げたいですか？ そのことを「孝情を啓発するための祈り」のワークにして、祈ってみましょう。

　私は今苦しく、つらい立場にいますが、神様、心配なさらないでください。私はこのような立場を見事に勝利しますので、安心なさってください。

　そして見ていてください。神様、私は ○○○ を必ず果たしますので、心配なさらないで見ていてください！

　天地人真の父母様、私は親孝行をしたいです。真の愛を中心として、本然の自分になって、多くの人に喜びを与え、感動を与え、感謝される人になりたいです。

　そして、天地人真の父母様と中心に喜んでもらえる人になりたいのです！

　私は ○○○ を成し遂げます！ ○○○ を勝利します！

　私を通してあなたのみ旨を成し遂げさせてください。実体的な天一国を成し遂げますので、どうぞ見ていてください！

　神様、真の父母様、ありがとうございます。私は真の愛を実践する天一国の真の主人になります！

　実際につらいことを体験したとき（自分が弱り果てて苦しくつらいとき）に、上記のような祈りをしてみましょう。

※囚われの自分＝自己中心的な思いに囚われる自分

156

🎓 WORK⑭の解説

　一言一句、このとおりに祈らなくても大丈夫です。このように、孝情をもって祈っていくことが大切なのです。まず神様に喜んでいただきたい、真の父母様に喜んでいただきたい、そして人類にも喜んでもらいたい、そんな本性が私たちにはあるのです。それを啓発するのです。「どうぞ私を用いてあなたの願いを果たしてください」と祈って実践することです。そうすれば、本当にそのようになっていくのです。

　ですから、このような祈りをすれば、「私」の生活や人生が変わってくるのです。天の願う私たちの行くべき道へ、どんどん導かれていくようになるのです。ですから結果や人の評価や実績などに囚われてしまい、恐れを抱くような生活をするのは、本然の自分ではないのです。たとえ責任者があなたを責めるように見えたとしても、それは責任者が「私」の結果を見て、親の心をもって心配しているだけなのです。

　天や中心に「喜んでもらいたい」という本然の思いを中心とすれば、すべてのことがうまくいきます。そして「孝情を啓発するための祈り」のワークをするのです。繰り返し繰り返し、自分を中心とした動機から、孝情を中心とする生活に転換していくことが、家庭連合時代の信仰生活なのです。囚われの自分を中心とした生活ではなく、結果を心配せずに、天や中心に、「見ていてください、私はこれを勝利します」と祈るのです。そうすれば、天や中心はどれほど慰められ、励まされることでしょうか。真の父母様はその心情を喜んで受け取ってくださるのです。

　孝情を捧げていけば、恩恵を受けるのです。神様と中心と一つになっている、そんな恩恵の中で、「私」を通してみ旨がなされていくのです。いつでもそのような自分になれるように、この「孝情を啓発するための祈り」のワークを続ければいいのです。

✳「孝情を啓発するための祈り」のワーク実践の証し

✳重圧と悲壮感が一掃され、メンバーも立ち上がる

〔20代／男性／Aさんの実践報告〕

　私は教会の大学生会に所属しています。私はまだ2年生ですが、12人の大学生会のリーダーを務めています。日々責任の増す中、地区全体の出発式で、代表祈祷をすることになりました。本部の先輩方が参席すると聞き、「決意するからには勝利しなければならないが、こんなに幼い自分にできるだろうか」と、心配と不安で押しつぶされそうになりました。

　私は、こういうときにこそ「孝情を啓発するための祈り」のワークを捧げようと決めました。「神様、心配なさらないでください。VISION2020の勝利を成し遂げてみせますので、どうぞ見ていてください！」。このような祈りは初めてでしたが、不安と重圧、そして悲壮感が一掃され、真の父母様の愛に応えたいという孝情があふれてきました。

　これ以後、伝道を始めたばかりのメンバーたちも強く雄々しく立ち上がるようになりました。その結果、私個人は10名、トップガンカレッジのメンバー5人で23名の対象者がワークの受講決定をするに至ったのです。真の父母様の勝利圏を相続し、導かれたという感覚がありました。

✳心の奥底から勇気が与えられ、独身祝福を勝利

〔40代／男性／Nさんの実践報告〕

　九州に住む80歳の伯母に独身祝福を授けた時の話です。その席には、伯父も来ていました。伯父は宗教や霊界など、目に見えないものを重要視しない方です。伯母と一対一の場を持ちたいと思っていましたが、世間話だけで時間が過ぎていきます。「時間切れで伯母が帰ってしまう」という焦りや、「難しいのでは」という弱気な思いが湧いてきました。

　「このままではいけない」と思い、洗面所で「孝情を啓発するための祈り」のワークを2回行いました。「神様、心配なさらないでください！

※良心＝本心

私は独身祝福を成し遂げます！」と祈ると、心の奥底から勇気が与えられました。

席に戻ると、伯父が不思議と私の妻に関心をもっていて、「どこの出身？」と話しかけていました。笑顔の受け答えが続き、伯父は上機嫌になりました。伯父は「きょうは、ついたくさん話をしてしまった。疲れたから車で寝ているね」と言って、その場を去っていきました。ついに伯母と一対一の環境が整い、伯母のために祝祷を捧げることができました。伯母も感動して涙を流していました。

「孝情を啓発するための祈り」のワークをしなければ、おそらくあきらめていたことでしょう。「孝情を啓発するための祈り」のワークを通して、真の父母様の勝利圏の中で、導かれたことを実感しました。

❀心配される神様へ「必ず勝利します」と孝情の宣言
〔50代／女性／Ｇさんの実践報告〕

その日、私は街頭伝道で出会ったゲストと待ち合わせをしていました。1時間待っても現れません。何の連絡も取れない状態でした。「連絡も来ないのはどうしてなのか！」と責める思いが湧く一方で、「何か理由があったのかも？」という気持ちもあり、その人のために、まず「神の祝福を願う祈り」のワークをしました。

そして、待ち合わせ場所から去ろうとすると、良心に「神様は何か心配していらっしゃる」という感覚がありました。「このまま行くな」と呼び止められた感じがしました。周りに誰もいなかったので、「神様、心配なさらないでください！　必ず勝利します！」と、今度は「孝情を啓発するための祈り」のワークをしてみました。心が温かくなり、神様の平安な思いが伝わってきました。

平安を感じる中で、再び街頭伝道に出ると、新たな別のゲストとの出会いが与えられ、その方は喜んでワークを学ぶようになりました。

真の父母様の勝利圏が、この「孝情を啓発するための祈り」のワークを通して連結されることを実感しました。

📖 ワークシート⓮
「孝情を啓発するための祈り」のワーク
気づきを書くことによって、ワークが格段に進展していきます！

　どんなときに「孝情を啓発するための祈り」のワークを実践してみましたか？ それを通して、自分の心や行動がどのように変わったのかを書いてみましょう。

　本心の願いを宣言し、ワークを実践する、そんな日々でありたいものです。

第 **6** 章

人を愛する実践

1. 四大心情圏の定着点と良心

💎 み言

　良心の真ん中が、肉身と良心がつながる愛の四大心情圏なのです。子女の愛、兄弟の愛、夫婦の愛、父母の愛、そのような愛が完成した一点というのは、結婚の初夜の愛をつなぐ所に定着するのです。ですから、神様はどこにいらっしゃるのかというと、愛の生殖器、愛の一体の元に住んでいらっしゃるというのです。

（『文鮮明先生の日本語による御言集　特別編1』88ページ）

　神様は男性と女性を分けておいてつくられました。分けておいて相対的距離があり、出会う衝撃的な愛を感じさせたのです。
　ですから、相対が必要であることを知らなければなりません。……生殖器が、なぜ生まれたのでしょうか？　愛のため、生命のため、血統のため、良心のために生まれたのです。生殖器を通さずしては、愛も生命も血統も良心もないのです。

（『ファミリー』1997年4月号、10ページ）

　良心は父母に優（まさ）り、師に優り、国や全宇宙の主人に優っています。良心は、神様が願った愛の定着地だからです。神様は、父母の中の父母であり、師の中の師であり、王の中の王です。そこに定着できる良心に、そのように貴く侍（はべ）って生きる人が義人になり、聖人になり、聖子（せいし）になるのです。その道を外れては、孝子、忠臣、聖人、聖子の行く道がないというのです。

（天一国経典『真の父母経』1586ページ）

　良心は欺くことができません。自分の一生がすべてビデオテープのように記録されます。自分の番号が付いた記録が霊界にあるのです。その人の心霊状態の光をあらかじめ知って、霊界に来れば、そこに連れていくのです。そこでその番号を押せば、あっという間に分かります。生ま

※良心＝本心

れてからその時までのことが、あっという間に分かるのです。どうすることもできません。

　良心が痛哭（つうこく）するのです。その程度に比例して、地獄と天国の境界線を出たり入ったりするというのです。その世界はただむやみに、大ざっぱな計算によって動くのではありません。数理的な世界です。理論的に動くのです。神様は科学者の王です。天国は、自分勝手にするようにはなっていません。

（天一国経典『天聖経』734ページ）

🎓 み言解説

　神様と人はどこで出会うのでしょうか？　四大心情圏が定着する一点とはどこなのでしょうか？　皆様はどう思いますか？　それは、神様が願った愛の定着地、すなわち結婚の初夜の愛をつなぐ所に定着するというのです。そして、その場所を通さずしては、愛も生命も血統も良心もない、と真のお父様はおっしゃっておられます。

　お父様のみ言（ことば）の重要なポイントが、この一点に含まれています。

❖四大心情圏はすでに私のただ中にある

　この章の少し後で、「目を見つめ合って共に喜ぶ」ワークという内容が出てきます。夫婦の愛・親子の愛を育むために取り組むものです。

（参照→p168）

　このワークに取り組むと、夫（妻）が自分の息子（娘）のように、あるいは兄妹や姉弟のように、父親（母親）のような存在に感じられてきて、相手が自分になくてはならない存在であることに気づき、尊敬し、慕（いと）わしく思い、愛おしさを感じる「私」であることが理解できるでしょう。四大心情圏というのは、良心を基にして築かれるのです。

四大心情圏などとても完成できない！　愛などというものは私にはない！と思っている方もおられるかもしれませんが、夫婦で「目を見つめ合って共に喜ぶ」ワークに取り組んでみると、私の中に、すでに相手を慕わしく思う心情や愛したくてたまらない気持ちがあることが分かるはずです。四大心情圏や愛は、良心[※]を基にして築かれ、初愛の場所に定着するのです。

（→参照　『文鮮明先生の日本語による御言集　特別編1』88ページ）

　真のお父様は、黒板に「真の愛の中心」と書かれて、「良心の真ん中が、肉身と良心がつながる愛の四大心情圏なのです。子女の愛、兄弟の愛、夫婦の愛、父母の愛、そのような愛が完成した一点というのは、結婚の初夜の愛をつなぐ所に定着するというのです」と語られました。そして、「生殖器を通さずしては、愛も生命も血統も良心もない」と語っておられるように、私たちは「純潔」と「貞節」の人生を過ごすことで、良心を定着させなければなりません。神と人間の愛が完成する一点、良心を定着させるための歩みをしなければならないのです。

❖すべては良心を目指して

　四大心情圏が定着しなければなりません。そのためには夫も妻も「正午定着」（心と体の統一）していなければなりません。堕落性が脱げて、心と体から完全に影がなくなると、私たちは「正午定着」の位置になります。垂直の場、直短距離で神と通じる場、そこに良心があります。

（→参照　天一国経典『真の父母経』1586ページ）

　良心は父母に優り、先生に優り、神様に優るというのですから、良心の内容は三大主体思想の内容そのものです。三大主体思想の原点は、良心に従うことなのです。
　「家庭盟誓[カヂョンメンセ]」には「神人愛一体理想を成し」と記されていますが、それは私のただ中の第二の神様である良心を通して成されるのです。

※良心＝本心

164

　同じく「家庭盟誓」にある、「自由と平和と統一と幸福の世界を完成する」という内容は、どのようになされるのでしょうか？　それも第二の神様、良心を通してなされるのです。

　良心は、許して、愛して、一つになるという方向に私を導きます。すべてを許している自分、愛している自分、一つになっている自分とは、どんな感じなのだろうかと、良心に尋ねると、私たちは神様の真の愛に包まれていきます。そうして、自分本位の思考がなくなって、やがて影のない「正午定着」（心と体の統一）の状態を感じていくようになります。「家庭盟誓」の重要なポイントが私のただ中にある、ということを実感できるはずです。

（→参照　天一国経典『天聖経』734ページ）

　地上生活において、良心にどれほど聞き従ってみ言を実践したかによって、霊人体の成長の度合いが決まり、それに応じて行く霊界の階層が決定します。「創造主、天の父母様に似た、真の愛を実践する天一国の真の主人になろう」という真のお母様が下さった年頭標語ですが、「天一国の真の主人」になるのも良心に従ってみ言に基づいた生活をすることで成し遂げられるのです。良心に従ったみ言に基づく生活こそが、重要なポイントなのです。

❖良心は本然の自分になることを願っている

　良心は何を願っているのでしょうか？　本然の自分になることです。本然の自分を取り戻せば、自分本位の思考から解放されるのです。囚われの思いが次から次へととりとめもなく湧いてきた過去の自分を、客観的に眺めることができるようになります。もう一人の自分が、自分本位の思考が湧いてきていた過去の自分を見ている状態です。これが本然の自分の状態、良心が中心となって生活する姿なのです。直短距離で心と体が90度で交わって「正午定着」し、神様と一問一答できる状態のこ

とです。これが最も重要です。

❖天一国の真の主人を目指していく道

　私たちが心の目で、すなわち良心の位置であらゆるものを見れば、愛しにくい人でも、許し難い人でも、一つになれない人に対しても、神様の立場で見つめることができるようになります。

　人間関係において、その人の本性が見えてくるし、親子や夫婦にあっても、その人の素晴らしさを見つめていくことができ、本然の関係を築くことができます。

　そして、万物世界、あらゆるものを通じて、神様の愛を感じていくことができます。神様の愛の中に生かされていることを感じるのです。万物を愛していけば、万物主管ができるようになっていきますが、心の目ですべてを見れば、「天一国の真の主人」を目指すことができるのです。

　良心という貴いものが私たちの中にあると教えてくださったのが、救世主・再臨のメシヤである真の父母様です。

❖真の父母様が教えてくださった良心に従う「天一国の真の主人」の生活をしていこう

　この一点にすべてが含まれています。天一国の真の主人になるための一点、それが良心に従った生活です。良心に従うとき、「天一国の真の主人」として完成していく道を行くことができます。

　良心に従う人生、心身統一をした「正午定着」の人生を生きたいですか？　真の父母様は祝福家庭に対して、「このなかで心と体の統一したものがいるか？　いないじゃないか」と語られ、「宗教は断食や犠牲、奉仕というように、体を打ち、体を心に克服させる教育をするのです。……3年ないし5年以上かけて、習慣性を伝授するためのものが信仰生活なのです」「心は垂直の位置にあるので一つです。……環境に強い体のほうに引っ張られやすいので、垂直の場において精誠を尽くし、祈祷

※心の目＝神の目　良心＝本心

し……3年ないし5年かけて、（心のままになせる）習慣性を身に付けなければならない」（1992年5月11日）と私たちを激励されました。

　心身を統一することは簡単なことではないのです。祝福を受けた土台の上で、生涯を通して心身を統一する挑戦をやり続けること、それを霊界に行く時まで続けることです。続けることで、深い恩恵を感じることができます。

　それでは、家庭を基盤に四大心情圏を自分の中に感じていくための具体的な取り組みをしていきましょう。

2.「理想家庭」とは、喜びを共感することのできる家庭

💎 み言

神の愛とは

真の愛とは

永遠に一緒にいても

一緒に住んでも

一緒に見ても

一緒に話をしても

一緒に感じても

一緒に聞いたとしても

なおそのようにしていたい愛です。

（『こころの四季2』30ページ）

ワーク紹介

WORK⑮「目を見つめ合って共に喜ぶ」ワーク

1. 夫、妻、子供が喜んでいるときはどんなときですか？　そのとき、目を見て、共にその喜びを感じてみましょう。

2. 目を見て「どんなにうれしいんだろう」と思いながら、共に笑顔をつくり、
   ・うれしいね
   ・楽しいね
   ・幸せだね
   ・面白いね
   と言ってみましょう。

これらのことを意識して毎日、目を見つめ合いながらやってみましょう。

🎓 WORK⑮の解説

　ここまでは、個性完成の土台をつくっていくための内容でした。個々人の見つめ方が大きな影響を与えるということが分かったと思います。それが分かった土台の上で、家庭完成、万物に対する主管性完成を目指していかなければ、天国を築くことは不可能なのです。自己主管が一番の基本となるのです。しかしながら、個性完成したとしても、家庭完成、万物に対する主管性完成を成して天国を築かなければ、個性完成した内容を十二分に発揮することはできません。

（→参照　『こころの四季2』30ページ）

　ずっと一緒にいたい、すべてのものを与えたい、相手を幸せにしてあげたいという愛。それが神様の愛、真の愛だというのです。夫婦で、親子で、永遠に一緒にいたい、すべてを与えたいと本当に思えているでしょうか。マッチング家庭の場合、最初から愛おしい、恋しいといった気持ちが先行した家庭はあまり多くはないと思われますが、時間をかけながら愛を育てていくことが大切です。

　真のお父様は生前、真のお母様がおいでになるときには、それはもう目を細めて、とても喜んでおられました。そして、お母様の前にまるで子供のようになって、甘える仕草をされたり、兄弟姉妹のような姿をなさったり、また夫婦、恋人のような姿、あるいは父親のように堂々とされ、み言を語られるお姿を見ることができました。

　そのお姿を通して、子女の心情、兄弟姉妹の心情、夫婦の心情、父母の心情がありありと顕現しており、真の父母様の中に、その4つの心情を体恤しておられるのを感じました。夫婦であっても、時には相手に対して子供のように甘え、また親を喜ばせたいという心情を持って接し、時には兄弟や親友を思いやる友愛の心を持って、さらにお互いに尊敬し、支え合う夫婦愛、子供を慈しむ父母の立場で相対を心配する愛、そんな心情を、夫婦の間で育まなければならないと思います。

私たちは最初から神様の愛、真の愛を簡単に感じられるわけではありません。しかしそれを少しでも早く育てていくために、夫婦で「目を見つめ合って共に喜ぶ」ワークに取り組んでもらいたいのです。

❖小さな喜びを共に感じられる、そこが天国

　ご主人や、奥さんや、子供が喜んでいるときは、どんなときでしょうか。そのとき、喜んでいるその人（ご主人、奥さん、子供）の目を見て、共にその喜びを共有し、互いに感じ合ってみましょう。ご主人がテレビを見て笑っていたら、その喜びを共に味わってみましょう。お互いに目が笑っているでしょう。その目の奥にある心情を感じ取って共有するのです。

　そして、声をかけ合ってみるのです。「面白いね」「うれしいね」「楽しいね」と。そうすればご主人（奥さん）の喜びを自分のことのように感じて、面白さが倍増するでしょう。このようにして、喜びを共有できたときに、さらに幸せを感じるのです。夫婦で旅行に行ったり、いいものを買ったりしたときには、喜びを感じますが、旅行や買い物をしなくても、日々のささいなことで、それにも勝る喜びを感じることができるのです。小さなことを共に喜び合える、そこが天国だと言えるのです。

　例えば、子供が洋服を買ってきたとします。そして「これ買ってきたんだ」と親に見せるとします。それに対して、お母さんが「あなたそれ、どこで買ってきたの？　いくらしたの？　こないだも似たようなものを買ってきたじゃない！　無駄遣いしちゃダメよ！」なんて言ったら、子供は即座にシュンとして、心が引いてしまうことでしょう。「もうお母さんに話してはいけない」と思って、「これからは何かを買ったら隠さないといけないな」と思うかもしれません。

　しかし、お母さんが「どこで買ったの？　よかったね。いいのが見つかったね。似合うよ。いくらしたの？　得したね、やったね」などと、自分のことのように喜んだら、親子の心がつながるでしょう。そういうことを積み重ねれば、理屈抜きで子供と心が結ばれるのです。

※固定観念＝我執

❖目の奥にある思いを分かち合う

　原理用語で「相対基準を結ぶ」といいますが、心を一つにするには、まず相対基準を結ばなければなりません。その人の心情、事情、願いを知って、それを共有しなければなりません。そして、相手の目の奥にある心情のひだに触れるように努力し、相手の事情を共有し、同じように喜びたいという思いで接しなければなりません。そして、相手の喜びを感じ取ったら、「よかったね、楽しいね、うれしいね、きれいだね」と、その喜びを分かち合うのです。そうやって心情のつながりができれば、互いに何でも心を開いて話し合うことができるようになるのです。

　今までは、固定観念で決めつけて、子供はこうあるべきだ、二世はこうあるべきだといって、一方的に「こうしなさい」「こうしちゃだめ」と言うばかりで、子供の喜ぶことを言い、思いを一つにして分かち合うことができていなかったかもしれません。すると、子供はだんだんと心を閉ざしてしまい、親に反発したり、ばかにしたり、無視したりするようになるかもしれません。

　「目を見つめ合って共に喜ぶ」ワークは、コツコツと毎日1、2回やるといいのです。目の奥にある心情を分かち合えたという喜びを、夫婦も子供も互いに感じ合うことができます。自分が感じたことを、相手も共に感じるのです。このようにすることで信頼関係が生まれていくのです。天国はそこから築かれていくと思います。すぐに変わるというものではありませんが、毎日やり続けてみましょう。幸せはここにあると自信を持って言うことができるようになるでしょう。

✳「目を見つめ合って共に喜ぶ」ワーク実践の証し

✳子供と心が通じ、一つになれた恩恵

〔40代／女性／Oさんの実践報告〕

　私は4人の男の子を持つ母親です。毎日、家事をするだけでも精一杯で、子供と目を合わせて語り合う機会もないほどでした。「目を見つめ合って共に喜ぶ」ワークの内容を伺い、1ヵ月間取り組んでみました。朝食の準備をするとき、子供から話しかけられても、以前は正面を向いて受け答えをすることがありませんでした。それを、あえて目と目を合わせて話すようにしました。

　すると不思議なことに、目を合わせるたびに心が通じるという感覚が生まれ、「この子にはこんな良いところがあるのだな」と、子供を貴ぶ気持ちが湧いてきました。

　私の悩みの一つは、19歳で浪人中の長男が勉強しないことでした。「勉強しなさい」とそのつど指摘していたのですが、長男を貴く思う気持ちに変化してからは、信頼して見守るようにしました。すると、何も言わなくても机に向かい勉強をするようになりました。

　昨年は、不安を感じながら、たくさんの大学を受験させてすべて不合格でした。今年は子供に委ねて受験させたところ、なんと見事に合格したのです。家族が互いに信頼し合い、一つになれた恩恵に感謝しています。

✳夫の心情が感じられ、幸福な気持ちに

〔50代／女性／Kさんの実践報告〕

　私の夫は山登りがとても好きです。子供が留学して夫婦二人の生活になり、会話といっても、弾むというよりは日々の変わりないやり取りで、時間もすれ違うことが多くなったため、心情を共有したいと思い、「目を見つめ合って共に喜ぶ」ワークをしました。

　夫が登った山の話を、目を見ながら、「その山に登れてどんなにうれし

※固定観念＝我執

いのだろうか」と思いながら、私も一緒に登った気持ちになって、笑顔で聞いていました。そして、「山に登れてうれしいね、楽しいね、幸せだね、面白いね」と言ってみました。

そうしたら、主人はとてもうれしそうに、「今度一緒に山に行こう」とすがすがしい顔で言いました。少しだけ、なぜ夫が山登りが好きなのかが伝わってきた気がしました。夫の心情が感じられ、とても幸せな気持ちになりました。

私は山登りがそんなに好きなわけではありませんが、今度夫と一緒に登りたいと心から思いました。心情が一つになったことを実感できた一コマでした。

❀身近な家庭に喜びがあった
〔50代／女性／Zさんの実践報告〕

み旨が忙しかったり、日々時間に追われたりするので、家族で心情を共有する時間を持つことができない状態でした。夫と中学生の息子の3人家族ですが、すれ違いが多かったように思います。

そこで、「目を見つめ合って共に喜ぶ」ワークを実践してみました。夫と息子はバラエティー番組を見るのが好きで、いつもテレビを見ては大きな声で笑っています。私はワークをする前は固定観念が強く、「バラエティーはみ旨と関係あるの？」と冷ややかな目で見ていましたが、目を見て共に喜ぶことを意識していきました。

「どれほど面白いのかな」と夫と息子の気持ちを、目を見ながら尋ねていくと、二人とも本当にうれしそうに、大きな声で笑っていて、その姿を見て私もうれしくなり、家族で笑っていられることは、本当に貴く幸せなことだなと感じました。

一緒に笑うことができ、一つになったことを実感しました。私は家庭を顧みないでみ旨に投入ばかりしていましたが、喜びは自分の身近な家庭にあるのだと気づかされました。

📖 ワークシート⓯
「目を見つめ合って共に喜ぶ」ワーク
気づきを書くことによって、ワークが格段に進展していきます！

　夫、妻、子供の目の奥にある思いを、「目を見つめ合って共に喜ぶ」ワークをすることで共有できましたか？　誰とどんな思いを共有できたか書いてみましょう。

-

-

-

　共有できた思い、相手の笑顔、そのすべてに光を投げかけて、共鳴していることを感じながら、温かさを体験してみましょう。そして、「ありがとう」と心の中で言ってみましょう。

※光＝神の愛

3. 夫婦愛・親子愛を育む

◈ み言

　ここに来たのは、正しい人間になるために来たのですか、めちゃくちゃな人間になるために来たのですか？（正しい人間になるためです）。……感謝していますか？　それでは、感謝して、「ありがとうございます」と言ってみてください。（ありがとうございます！）。本当に言いましたね。（はい）。日本に帰って、「先生がやらせた。先生が言えと言ったので、そう言った」と言うような、そのような駄目な人間ではないのですね。分かりましたか？（はい）。……結婚はなぜするかというと、男は女を完成させるためであり、女は男を完成させるためです。では、何をもってするのですか？（愛をもってです）。愛をもって絶対的になすには、絶対的に凹凸を一つにさせなければならないのです。それでは、旦那さんが男として女に近寄るのは何のためですか？　それは凹凸を合わせるために近寄るのではなく、完成なる愛を成立させるためだということを思って行動しないと、大変なことになってしまうのです。分かりましたか？（はい）。

（『男性訪韓修練会御言集』104〜105ページ）

WORK⑯「家族に感謝を伝える」ワーク

　　夫、妻、子供、親、兄弟姉妹に対して、「私」にはどんな固定観念※がありますか？　まずそれを「堕落性─自己中心的な囚われ─を脱ぐ」ワーク（第2章）を行うことで許してみましょう。その土台のうえで、夫、妻、子供に感謝すること、良い面を、言葉にして投げかけてみましょう。

例：いつも○○してくれてありがとう。（目を見る）
○○さんが○○してくれるので、ありがたい。私は幸せです。ありがとう。（目を見る）

1. 夫に対して感謝できることは何ですか？
　　例文のように感謝の言葉を作ってみましょう。
2. 妻に対して感謝できることは何ですか？
　　例文のように感謝の言葉を作ってみましょう。
3. 子供に対して感謝できることは何ですか？
　　例文のように感謝の言葉を作ってみましょう。

※固定観念＝我執　囚われの自分＝自己中心的な思いに囚われる自分

🎓 WORK⑯の解説

　この章は「夫婦の愛・親子の愛を育む」について考えましょう。

　帰歓式や聖和式の際に、家族が聖和者に対して言えなかったこと、伝えたかったことを、聖和者に向かって伝えている姿を見ることがあります。それは、「『ありがとう』という感謝の言葉をもっと生前に伝えておけばよかった」というものです。そういうことが、後悔の念として残っていることが多いようです。

　もし、人生がきょう一日で終わってしまうとしたら、あなたはどのような行動をとりますか。何か欲しい物を買ったり、どこか風光明媚な所に旅行に行ったり、そんなことはきっとしないでしょう。外的な欲望を満たそうとしないで、むしろ身近な人に感謝の言葉を伝えよう、今まで言えなかったことを伝えようと考えるのではないでしょうか。肉身生活が終わるときになれば、本当に大切なものは何かということが分かるのでしょう。身近なものを大切にしていなかったと気づく人が大半なのではないでしょうか。

　常日頃、そこにいて当たり前、あって当たり前だと思っているので、あえて感謝すること、それを表現することができていないことが多いのです。自分の周囲、身近な家庭や人間関係を天国にしていくには、日々、相手の良いところ、感謝できるところを、言葉で具体的に表していくことが大切なのです。天一国の主人として、いつ逝っても悔いのないよう、身近な人、出会う人に感謝の言葉を伝えていけたらいいでしょう。

❖小さな感謝の言葉から愛を育む

　夫に対して感謝できることは何ですか？「お父さん、いつも○○してくれてありがとう」「お父さんが○○してくれるので本当にうれしい」と、目を見て言うのです。そんなことは恥ずかしくて言えないですか？　小

さなことでいいですから、言えそうなことから言ってみてください。小さな感謝の言葉が言えたら、だんだんと、大きな感謝を伝えることができるようになります。

目を見て言えば、ご主人や奥さんの心の中に伝えたい言葉がしみ込みます。そこから愛が宿り、愛が定着するようになるのです。そして、永遠の愛の絆が結ばれていきます。愛の土台が築かれていきます。感謝の気持ちを伝え、愛を育んでいきましょう。感謝できることを探すようにしていれば、互いに相手が心から感謝すべき人であり、私にとって救世主、貴い人であることが分かっていきます。

❖あなたは幸せですか？

相対者の価値を決めるのは誰でしょうか。子供の価値を決めるのは誰でしょうか。ほかならぬ「私」が決めるのです。「私」が悪い相対者だと決めつけるとしたら、そのことで苦しむのは相対者であり、かつ自分自身なのです。そんなことはしたくないというのが良心の声です。相手こそが最高の相対者であり、感謝すべき人であることを、目を見ながらワークをし続けるのです。そうすれば最高の夫婦になることができるはずです。最高の親子になれるはずです。

これが続けられるならば、「あなたは幸せですか？」と聞かれても、即座に「幸せです。天国は私の家庭にあります」と自信を持って言うことができるのです。感謝を積み重ねる日々でなかったり、愛情を豊かに育んでいなかったりすると、「幸せですか？」と聞かれたとき、「どうかな。妻も子供も思いどおりにならないし」と躊躇し、考え込んでしまうのです。囚われの自分をつくり出してしまうのです。ですから、感謝し続ける生活を通して、「私は幸せです。私の家庭が天一国です」と言えるようにしなければなりません。この「家族に感謝を伝える」ワークを通して、そのように言える家庭が増えています。ぜひ実践しましょう。

※良心＝本心　囚われの自分＝自己中心的な思いに囚われる自分

178

✱「家族に感謝を伝える」ワーク実践の証し

✿教会に通っていることを見守ってくれてありがとう

〔50代／女性／Aさんの実践報告〕

　私の夫は寡黙な人です。結婚して25年間、「どうしてこんなに無口なのか」と夫を責め続けていました。

　「良心を感じ取る」ワークを通して、「思いどおりでなくても大丈夫」「寡黙でもいいんだ」と相手を受け入れてみると、今度は「私が主人に感謝できることって何だろうか」と思って、「家族に感謝を伝える」ワークで、夫に対して感謝の言葉を投げかけてみようと心が変化していきました。

　その日、夫が寝る前に、「実は今まで言えなかったんだけれど、教会に通っていることを受け入れてくれてありがとう。黙って見守ってくれてありがとう。婚期を逃したような私と結婚してくれてありがとう。おいしくもない料理を『おいしい』と言ってくれてありがとう」と伝えました。

　面と向かって「ありがとう」と言ったところ、夫は「え？」と言ったきり、何の反応もありませんでした。けれども、私の心はすっきりしました。心が喜びで満たされ、温かくなりました。

　その後、主人がみそ汁を作ってくれたり、食器を洗ってくれたりするようになりました。「祝福」の話もやり取りができるようになり、天の願う方向に導かれつつあります。

✿あなたと結婚できて幸せです。ありがとう

〔40代／女性／Uさんの実践報告〕

　夫の誕生日に、普段なかなか口にできなかった、感謝の思いを、「家族に感謝を伝える」ワークを通して伝えました。「家の細かいことまで十分にできなくても、文句も言わずに優しくしてくれてありがとう。あなたと結婚できて幸せです。ありがとう」と言いました。

夫は「別に特別なことは何もしていないよ」と答えました。それを聞いて、すぐに私は「そばにいてくれるだけでありがたいのよ」と言うと、その言葉が夫の心にすとんと落ちていく感じが伝わってきました。生きている時に、私が本当に伝えたい内容が言葉にできて、幸せを感じました。何げない言葉のやり取りに天国を感じることができました。心が通じ合った感覚が確かにありました。

❇感謝の言葉で、優しい本当の主人の姿が見えるように
〔50代／女性／Mさんの実践報告〕

主人はすぐにキレる、怒りっぽい人です。ですから、主人のことをずっと怖い人だと思っていました。面と向かって感謝の言葉を伝えることなど、とてもできませんでした。そんな自分の恐れを取り除きたいと、「家族に感謝を伝える」ワークに取り組んでみるようになりました。

主人の機嫌がいつになく、とても悪いときがありました。そんな主人の背中に向かって、「いつも頑張って働いてくれてありがとう、お父さん感謝します！」と光を投げかけながら、心の中で感謝の言葉を投げかけました。

すると、主人が急にお風呂の掃除を始めました。お湯も張ってくれ、「おまえも疲れただろうから風呂に先に入れ」と言ってくれたのです。こんなことは結婚して30年目にして初めてのことで、とても驚きました。

そしてようやく面と向かって「お父さん、今まで頑張り続けてくれてありがとう」と目を見ながら伝えることができるようになりました。主人も何か若返ったようで、その目が喜んでいるように見えました。それからというもの、主人の優しい姿が見えるようになりました。怖い姿は、実は私自身が自分で作り出していた姿だったのだと気づきました。

私は、この「家族に感謝を伝える」ワークを続けていきたいと思いました。真実の主人の姿を見ることができるようになって本当にうれしく思いました。

※光＝神の愛

📖 ワークシート⓰
「家族に感謝を伝える」ワーク
気づきを書くことによって、ワークが格段に進展していきます！

誰に対してどのような感謝の言葉を伝えることができましたか？
家族以外にも、誰に対してどのような感謝の言葉を伝えたいですか？

-

-

-

　毎日、一人一人の目を見て、感謝の言葉を伝えていきましょう。

4. 喜ばせる言葉

💎 み言

言葉には不思議な力があります。
愛と思いやりをもって語れば
人を励まし勇気づけることができます。
妬みや嫉妬の思いで語れば
その言葉は
人を傷つける凶器にもなります。
私の語る言葉が
神様を喜ばせ
多くの人々を力づけるものであるか
いつも反省しなければなりません。

（『こころの四季』21ページ）

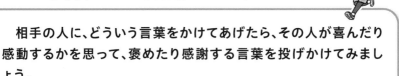

ワーク紹介
WORK⑰「喜ばせる言葉」のワーク

　相手の人に、どういう言葉をかけてあげたら、その人が喜んだり感動するかを思って、褒めたり感謝する言葉を投げかけてみましょう。

　会うたびにその人に感謝していること、その人の素晴らしいと感じることを言葉に出して投げかけてみましょう。

　誰に対して、どういう言葉をかけてあげたいですか？

※良心＝本心

🎓 WORK⓱の解説

　真の愛を相手に伝えるためには、言葉や笑顔、あるいは、ために生きる実践など、具体的なことが必要になってきます。天一国の真の主人になるためには、思っているだけではだめなのです。心情を中心として、それを具体的に表現したり、形に表したり、実践することによって、実体的な天一国が実現できるのです。

（→参照　『こころの四季』21ページ）

　人を感動させ、感謝されたり、中心に喜んでもらったり、神様と真の父母様に喜んでもらえるような、そんな言葉を身近な人や出会う人、出会う人に投げかけることができれば素晴らしいことです。言葉に出して表現し、実践すれば、私たちは良心を中心として、毎日を楽しく過ごせるようになるのです。

　喜んだり悲しんだりすること、一日中うれしかったり、反対に心が曇って落ち込んだりすることなど、そのきっかけは言葉一つであったりします。言葉の力は大きいのです。人を生かすも殺すも言葉一つなのです。ですから、相手の人に神様の愛を感じてもらえるように、喜ばれる言葉を投げかけることができるように、常に努力していきたいものです。

　ポジティブな言葉やネガティブな言葉、その使う言葉によって、私たちの日常生活に影響を与え、その人の人生が幸福にもなり、不幸にもなって、さらには永遠の世界（霊界）につながっていくのです。いつも不平不満ばかり言う人は、霊界に行っても不平不満を言い続けるだろうし、絶えずどんなことにも感謝する人は、霊界に行っても感謝して、天国のような生活を送るのです。

❖自分勝手に人の価値を決めつけてはいけない

　夫婦、親子、他の人との人間関係で、心の目で相手の素晴らしさをずっ

と見続けることができれば、素晴らしい人間関係を築いていくことができるのです。

　相手が素晴らしい人なのか、愛し難い人なのかを決めているのは、実は自分自身だということです。もし仮に、子供が非行に走ったり、けんかをしたり、汚い言葉で罵ってきたりしたとしても、それでもなお心の目で見て、その子供の素晴らしい点を信じてずっと見続け、喜ばせる言葉をかけ続けるのです。そして感謝し続けることです。そうしたら、子供は素晴らしい姿になっていくのです。

　心の目で見て、一人一人の本然の姿、素晴らしいところを見つけることができれば、それはどれほど素晴らしいことでしょうか。人が持つ基本的な願いとは、理解してほしい、認めてほしいということです。それが根本的な心の叫びです。

　その思いを満たしてあげることができるのは、私たち自身なのです。一人一人が良心で思った、相手の素晴らしさを言葉で表現して伝えていくと、その人の心の中に花が咲き、そこに天一国ができていくのです。神様の愛を、言葉に乗せて表現していきたいものです。

※心の目＝神の目　良心＝本心

❋「喜ばせる言葉」のワーク実践の証し

❋母に「生んでくれてありがとう」

〔50代／男性／Yさんの実践報告〕

　私の誕生日に、母に対し、「生んでくれてありがとう。育ててくれてありがとう。おかげさまで幸せです」とお礼の言葉を言いたいと思いましたが、とても恥ずかしくて言うことができませんでした。

　そこで、絵手紙で表現することにしました。その感謝の言葉を書いて投函したところ、母から電話がかかってきて、「今度、旅行に一緒に行きたいね」と喜んで旅行に誘ってくれました。私はそれ以来、誕生日に、感謝の言葉を伝えられるようになりました。

　やがて母は病床に就きました。余命いくばくもないとき、「私は良かれと思って教会の信仰を持ったけれど、心配かけてごめんね。でも、応援してくれたおかげで、皆に喜んでもらえるようになって、とっても幸せだよ。お母さん、ありがとう」と言いました。母は黙ってうなずきました。

　母を「聖和式」で送った時に、あの絵手紙が大切に保管されていたことが分かりました。母といつも心がつながっていることを感じています。聖和する前に、感謝の言葉を伝えることができて、本当によかったと思います。

❋喜ばせる言葉の力が復興と発展に

〔50代／男性／Rさんの実践報告〕

　私の所属する教会のあるリーダーは、言葉で皆を元気づけることが上手です。他の兄弟姉妹が報告すると、皆「ふーん、そうか」と、普通の表情で聞いているのですが、このリーダーがその報告内容を皆に伝え始めると、「ああ！　そうなのか！」と復興の輪が広がります。

　最初は「どうせ、大げさに話しているだけでは」と否定的に思うこともありましたが、自分の報告する言葉でいかに周辺の人たちに心霊復興

をもたらすのかを、いつも意識して発言していることが分かってきました。

そのリーダーは、教会の責任者に報告するときも、責任者に喜んでもらいたいという心情で報告したり、「勝利します」と宣言したりしていることが分かりました。これも一つの愛の実践なのだと思います。

そのリーダーは、毎月の伝道でも、ほとんどの月で一位の実績を出しています。他の部署にゲスト講師で呼ばれることもあります。全体的に復興を与える心霊的な雰囲気や伝道勝利の実績ももたらしており、まさに心の姿勢や言葉遣いが周りに大きな影響を与えていると感じます。

※褒める言葉で電話受け

〔40代／男性／Ｓさんの実践報告〕

私たちの教会の伝道部長は、街頭伝道の電話受けをしています。一人一人にふさわしい言葉を投げかけ、「褒める言葉」で元気づけています。そうして、期待されていること、愛されていることを、皆が感じ取っているのだと思います。

伝道部長の変わらぬ一人一人への感謝と賛美の言葉によって、私たちの教会では、毎月50人以上の新しい人がワークのために来訪します。また、伝道に参加する人も以前に比べ、２倍に増えてきています。

そんな小さな言葉がけの積み重ねによって、良心から放たれる光が相手に伝わっていくように感じます。どんなに厳しい時でも、皆が一つになって勝利していくのを見るにつけ、愛のこもった言葉を投げかけることが、それを実現させているのだと思います。

※良心＝本心　光＝神の愛

📖 ワークシート❶

「喜ばせる言葉」のワーク
気づきを書くことによって、ワークが格段に進展していきます！

　相手を喜ばせる言葉、褒める言葉、感謝する言葉を、誰に伝えることができましたか？　最近思いつくことを書いてみましょう。

　また、誰に対し、喜ばせる言葉を言ってみたいですか？　勇気をもってチャレンジ精神でその人に言ってみましょう！　何かが解かれるかもしれません。

　新しく出会う一人一人に対しても、喜ばせる言葉を絶えず伝えていきましょう。

5. 天国をつくり出す笑顔

💎 み言

　いつも笑顔でいなさい。笑顔は心の花です。いつでも花を咲かせて香りを漂わせるのです。

（『天運を呼ぶ生活』14ページ）

　すべての動作を統一させることができるのは、笑うことです。美人でも、醜い人でも、笑うときは、目も笑い、鼻も笑い、口も笑い、耳も笑い、すべて笑います。

　ほほえみが、なぜ良いのでしょうか？　すべての動作を和合させ、和動させることができるからです。和動させて一つにするのです。

（『天運を呼ぶ生活』19ページ）

ワーク紹介
WORK⓲「笑顔」のワーク

　会った人の目を見て、ニコッと笑顔を作り、ワークを実践してみましょう。どんな場面で、どんなときに、もっと笑顔があったらいいと思いますか？

🎓 WORK⓲の解説

　実体的な天一国を実現するには、まず自分の心に天国を築くことが大切であり、そのことを具体的に表現することが重要であることを学んできました。相手に投げかける言葉一つで、そこが天国にもなるし、地獄にもなってしまうのです。いかに天国をつくり出すのかという、相手にとって忘れられない言葉を投げかけていけるかということです。

※固定観念＝我執

　それに加えて、不可欠なものが、笑顔です。常日頃、ほとんど意識しない人もいるかもしれませんが、世の中においては、マクドナルドでもディズニーランドでも、最高の笑顔でもてなすように店員やインストラクターたちを訓練しています。常に最高の笑顔になっているかどうかをチェックしているのです。天国はどんな所かというと、皆が安らかな生活をし、笑顔になることができる所だといえます。笑顔というのは、平和で豊かな心があってこそ、その思いが表情に表れてくるのだといえます。いろいろなワークを実践しながら、そのうえで笑顔を作っていく生活をすることがとても大切です。

❖笑顔が平和感・幸福感をつくり出す

　「すべての動作を統一させることができるのは、笑うこと」（『天運を呼ぶ生活』19ページ）だというのです。今まで肉心を主管し、囚われの思いを克服するのは大変であることを学んできました。囚われの思いから発する言葉が人を傷つけたり、人間関係を壊したりするように、言葉遣いや人に接する態度、および表情が相手に大きな影響を及ぼします。ですから、本然の自分に目覚め、相手を生かす言葉を投げかける以上に大きな力を発揮するのが笑顔なのです。本然の自分に目覚めたとき、発する言葉が人を生かすのであり、その言葉よりも強い力を及ぼすのが笑顔なのです。相手のために笑顔を作ることで、思いや言葉が、より強くなるのです。

　心からの笑顔を作りながら、恨みごとや悪口や嫌なことは言えないものです。ですから、いつも笑顔でいるように心がければ、人に接する態度もおのずと変わってきます。「笑顔」のワークの実践において、心からの笑顔でやれば、見るもの聞くもの触れるもののすべてが光り輝き、まるで天国のような世界に見えることでしょう。自然と喜びが自分の中からあふれてきます。苦しいときであっても、本然の自分に目覚めて笑いなさいということです。そのようにして笑えば固定観念が消えて、まるでチャンネルが切り換わるように、苦しみが喜びに変わる感覚があるの

です。霊的な雰囲気が変わって、思いが変わっていくのです。

　そのように、常に笑顔でいることを心がけている人の周りには、多くの人が集まってくるし、そこは平和で幸せを感じる場所になるのです。心の中で「天国をつくる」といくら言っても、仏頂面をしていたら、そこは天国とは感じられません。具体的な笑顔が平和や幸福感をつくり出すのです。

　お母さんが笑顔でいるだけで、私の家庭は天国だ。お父さんが笑顔でいるだけで、私の家庭は平和だとお互いに家族が感じて、子供の笑顔が絶えない素敵な家庭を築いていきたいものです。例えば、朝のあいさつや夜の就寝時、家族を学校や仕事に送り出すときに、または出迎えるときに、別れたり、再会するときなど、大切な瞬間がありますが、そういったときにこそ、笑顔を心がけるようにすればいいのです。

　いつも笑顔で、出会った人を必ず賛美する人、そういう人の周りにいつでも人が集まってきて、天国が築かれるのです。ですから、私の周りに天国を築くことは難しいことではないのです。平和で幸せに満ちた実体的な天国に住みたいと思いませんか。誰からも認められ、慕われ、笑顔でいることのできる環境、そんな世界を、まず自分自身の中に築くことができれば素晴らしい人生になるのです。

　そういった日々の心がけが、人の心に花を咲かせ、実体的な天国を築いていくことができるのです。それが自分自身の幸せにもつながるのです。人に喜んでもらい、感謝されることによって、自分自身の中にも天国がつくられていくのです。神氏族メシヤの歩みも、そのようにして自分の氏族圏を天国にしていくことなのです。笑顔でいるだけで、福が来るというのです。

✼「笑顔」のワーク実践の証し

❖笑顔であらゆる壁がなくなって、天国を実感

〔50代／女性／Tさんの実践報告〕

私は、訪問介護の仕事をしています。お客様の中で、最初はムスッとしていたおばあさんがいました。その方は気難しい方で、私にとって苦手な方でした。そこで「笑顔」のワークを心がけてお世話を続けました。私の心の中の壁が徐々になくなり、慕わしく温かい気持ちに変化していきました。

それ以降、決して外出しないその方が、私が訪問介護に来る時間に合わせて玄関の外に出てきて、「おはようございます」と笑顔であいさつをしてくださるようになりました。それまでと雰囲気は一変して、天国を感じるようになりました。

また、私は長年、街頭伝道をしています。ペアで歩むことが多いですが、ペアの方の協助の立場で話すときにも、最高の笑顔を心がけています。最近では、「私一人だけだと雰囲気が硬かったけれど、あなたの笑顔で雰囲気が一気に明るくなったわ。ありがとう！」と、言ってくださる方が増えています。

笑顔には、皆の心を一つにつなげる作用があることを実感します。これからも、笑顔を通して身近なところから天国をつくっていきたいと思います。

❖笑顔を通して、職場が天国に

〔50代／女性／Tさんの実践報告〕

入社した頃、職場でとても葛藤する人がいました。彼女は私よりも年下ですが、私のほうから朝のあいさつをしても、私を無視し続けていました。社内の回覧物が前から配られても、私の手前で意図的とも思えるくらいに別の人に渡すということが何度もありました。

ある時から彼女に対して「笑顔」になって、まず心の中で「おはよう！」と言ってみることにしました。すると２週間後、「おはようございます」と彼女のほうからあいさつしてくるようになったのです。

　また、彼女が休みで会社に出勤しなかったとき、私は回覧物を彼女のためにとっておきました。翌日、彼女に渡すと、目を丸くしてビックリしていましたが、「ありがとうございます」と言って受け取ってくれました。

　心と心が通じた瞬間でした。「笑顔」のワークを通して、職場が天国になっていくことを実感しています。

❖笑顔でいつも天国をつくっている女性スタッフ

〔30代／女性／Ｙさんの実践報告〕

　私の教会のある女性スタッフは、笑顔がとっても素敵な方です。どんなに重圧のかかる中でも、誰に対しても笑顔で接していらっしゃることを感じます。

　時には厳しいことも言われるので、「また会ったら、何かキツイことを言われるかな……」と心配しますが、次に会う時には最高の笑顔で接してくれます。私が「その笑顔に触りたい」と思うくらいに、慕わしく懐かしい気持ちにもなり、不思議とすべてを話したくなります。

　ありのままを話したくなるので、氏族に関することも、何げなくお話ししたら、氏族復帰について時に適ったアドバイスをしてくださり、そこから導かれて、難しかった夫の氏族復帰が進んでいきました。本当に感謝しています。

　もう50代も半ばのはずなのですが、青年のゲストにも声をかけられて、友達のようになって接している姿をよく拝見します。その女性スタッフがいるところは、明るい雰囲気と人の笑い声が絶えません。

　「笑顔」のワークによって、いつも天国を実体でつくり出しているのだと思います。

※心の目＝神の目

📖✍ ワークシート⓲
「笑顔」のワーク
気づきを書くことによって、ワークが格段に進展していきます！

①自分が平安で喜びにあふれていれば、多くの人に平安を与え、喜ばれ、感謝されます。このようなとき、最もうれしくてワクワクしているときの自分はどのような顔をしていますか？　優しい目、あふれる喜びがあなたの自然な笑顔をつくっているでしょう。そんな笑顔を、平安と喜びによって表してみましょう。
（「本然の自分を感じる」ワーク参照）

②人と会ったとき、あいさつとともに心の目で見て、「ありがとう、おはよう、行ってらっしゃい」[※]という思いを込め、感謝の心で笑顔になってみましょう。

　「笑顔」のワークをどのようなとき、場面で実践してみましたか？　そのときどのような気持ちを感じ、どのような体験をしましたか？

　日頃から、平安と喜びをもって、「笑顔」のワークを、「本然の自分を感じる」ワークとともに、できる限り長い時間行ってみましょう。天国を感じることでしょう。

6. 奉仕 ─喜んでもらいたいという心情の表れ

💎 み言

　被造物の創造が終わるごとに、神はそれを見て良しとされた、と記録されている創世記のみ言を見れば（創一・4〜31）、神は自ら創造された被造物が、善の対象となることを願われたことが分かる。このように被造物が善の対象になることを願われたのは、神がそれを見て喜ばれるためである。

　それでは、被造物がいかにすれば、神に一番喜ばれるのであろうか。神は万物世界を創造されたのち、最後に御自分の性相と形状のとおりに、喜怒哀楽の感性をもつ人間を創造され、それを見て楽しもうとされた。そこで、神はアダムとエバを創造なさったのち、生育せよ、繁殖せよ、万物世界を主管せよ（創一・28）と言われたのである。この三大祝福のみ言に従って、人間が神の国、すなわち天国をつくって喜ぶとき、神もそれを御覧になって、一層喜ばれるということはいうまでもない。

　……人間をはじめ、すべての被造物が、神を中心として四位基台を完成し、三大祝福のみ言を成就して、天国をつくることにより、善の目的が完成されたのを見て、喜び、楽しまれるところにあったのである。

（『原理講論』64〜65ページ）

　心情は神の性相の最も核心となる部分であって、「愛を通じて喜ぼうとする情的な衝動」である。心情のそのような概念を正しく理解する助けとなるように、人間の場合を例として説明する。

　人間は誰でも生まれながらにして喜びを追求する。喜ぼうとしない人は一人もいないであろう。人間は誰でも幸福を求めているが、それがまさにその証拠である。そのように人間はいつも、喜びを得ようとする衝動、喜びたいという衝動をもって生きている。……それでは真の喜び、永遠な喜びはいかにして得られるであろうか。それは愛（真の愛）の生活を通じてのみ得られるのである。愛の生活とは、他人のために生きる愛他的な奉仕生活、すなわち他人に温情を施して喜ばせようとする生活をいう。

（『統一思想要綱』52〜53ページ）

　神の国と神の義が成された世界は、お互いに与えることを楽しむ愛の世界であり、神様のみ旨のために奉仕し、犠牲になる生活が光を放つ世界です。

（『天運を呼ぶ生活』140ページ）

　人々は、神様の心情文化の中で、共生共栄共義の生活をするようになります。人類は、地球環境に対する公害要因を除去し、万物に対して真の主人として愛し、保護しながら生きるようになっています。その世界における生活のための活動と作業は、他のために生きて愛する心情を土台とした喜びの奉仕であり、実践です。

（天一国経典『天聖経』1090ページ）

🎓 み言解説

　次に、神様が私たちに願われる「ために生きる実践」について見ていきます。すなわち奉仕の生活をすることです。真の愛を実践する生活をするのです。奉仕は喜んでもらいたいという心情の表れです。喜んでもらいたいという心情が動機となって、「ために生きる実践」「奉仕」が生まれてきます。義務感、使命感、責任感で行っても、それは「ために生きること」「奉仕」とは言えません。

（→参照　『原理講論』64〜65ページ）

　神様が、喜びを得たいという情的衝動から被造世界をつくり、人間をつくりました。人間が完成することで理想世界を築き、万物世界を神の愛で主管することを通して喜ぶ姿を見て、神様は喜びを得たかったのです。ですから、私たちも、ために生き、奉仕する生活をすれば、相手が喜ぶ姿を見ることができ、そして私たちも喜びを得ることができるのです。

（→参照　『統一思想要綱』52〜53ページ）

「愛を通じて喜ぼうとする情的な衝動」、これが心情です。心情が神様の本質であり、神の子女としての私たちの核心です。ですから、私たちもこのような心情を基盤として奉仕の生活をするべきなのです。

　　（→参照　『天運を呼ぶ生活』140ページ、天一国経典『天聖経』1090ページ）

　「与えたい」「喜んでもらいたい」という動機に徹し、奉仕する心で生きることが、神の国を実現するために大切なことです。

ワーク紹介

WORK⑲「喜んでもらいたい心情」のワーク

1. 神様、真の父母様、みんなの幸せ、およびみ旨の発展のために、喜んで進んでできそうなことは、どんなことですか？

2. 奉仕する生活において自分の心情を豊かにするために、今自分ができることはどんなことですか？

3. 教会の責任者、あるいは会社の上司に何を通して喜んでもらいたいですか？

4. 食口、同僚、後輩と共に喜びを体験するために、何をしたいですか？

5. 家族、氏族、伝道対象者と共に喜びを体験するために、何をしたいですか？

✳「喜んでもらいたい心情」のワーク実践の証し

❉絵手紙で心情がつながる

〔50代／男性／Aさんの実践報告〕

　私は営業の仕事をしています。絵を描くのが好きで、お客様一人一人に絵手紙を書いて送るようにしています。相手に喜んでもらいたい、という気持ちで思いを巡らせながら絵を描き、相手が喜んでもらえるような一言を加えて送っています。

　お客様がとても喜んでくれて、深いつながりをもてるようになり、たくさんのお客様から「担当、変わらないでね！」と言われるようになりました。

　私の妻もさまざまなワークを一生懸命しています。妻は少し講義もできるので、私の体験談を絵手紙にしながら、み言も書き加えてプレゼンする、そのようなセミナーを開いて多くの人に喜んでもらっています。「神氏族メシヤ活動を推進していきたいね」と夫婦で考えるようになってきました。

❉ゴールにいる神様から、いつも共なる神様へ

〔20代／男性／Sさんの実践報告〕

　私は伝道を歩む中で、いつしか結果を求める思いが強くなり、伝道に対する本来の動機からずれているのではないかと葛藤しながら歩むようになっていました。

　「自己牧会プログラム」を学んで、「伝道は人を生かすことなのだ」と再確認でき、それとともに「真の父母様に喜んでもらいたい」「みんなの役に立つなら参加したい」という思いをもって歩めるようになり、葛藤がなくなりました。

　また、街頭にはさまざまな人たちがいます。チラシ配りや勧誘の人など、今までは「そんな人たちは伝道の邪魔でしかない」と感じていました。しかし、「喜んでもらいたい心情」のワークを心がけると、「あの人たち

も頑張っているんだ」と慕わしく感じられ、自然と「神の祝福を願う祈り」のワークができるようになりました。

　気がつけば、すべての人が神様の子女として、貴い兄弟姉妹になれると心から思えるようになりました。限界を超えて出会う「ゴールにいる神様」から、「いつも共にある神様」を感じられるようになりました。

　心情の転換の結果として、4ヵ月で12人をワークの受講決定という実績も与えられました。内外の恩恵に感謝しています。

❋「心情革命」が自分の中で

〔20代／男性／Sさんの実践報告〕

　私は勤労青年という立場で歩んでいます。多忙な中、自分の事情を優先したい気持ちが強く、いつも「その意義や効果は……？」と、理詰めで考える癖がありました。また、街頭伝道には躊躇もあり、どちらかというと冷ややかに見ていました。

　そんな中、伝道の説明会に参加した折、「伝道は、真の父母様に喜んでもらいたい、街頭の人々の幸せを祈りたい、そのような真心を込めて歩むとよい」という話があり、「それならば」と参加することにしました。

　一緒に伝道実践したのは、「街頭で皆の幸福を祈ることはできます」と言って参加した姉妹でした。「声をかけることもできないのか」と、私は冷めた目で彼女を見ていました。しかし、タバコの煙が漂う劣悪な環境の中でも祈ることをやめない彼女の姿を見て、「天が誇りとするのは、喜ばせたい心情で歩むこの姉妹のほうだな」と感じ始めたのです。

　すると、自分の中にも熱い純粋な心情が湧き上がってきました。自ら進んで時間を延長して歩む中で、ワークの受講決定をするゲストと出会いました。「喜んでもらいたい」という心情が自分自身を転換させたのです。今までは、評価や実績ばかりに囚われて、自分を中心として生きているような人間でしたが、「喜んでもらいたい心情」のワークを中心として行動したら心情革命が自分の中で起こり始めました。

📖 ワークシート⑲
「喜んでもらいたい心情」のワーク
気づきを書くことによって、ワークが格段に進展していきます！

①み旨のために、喜んでできることを見つけられましたか？

　喜んでできることを今までより３倍やってみたら、どんな自分になるでしょう？

②自分の良心[※]を喜ばせることをやってみましょう！　どんなことをしたいですか？

　今までより３倍喜ばせたら、どのような感じがしますか？

③教会の責任者や職場の上司に対して、喜んでもらいたい心情をもって何をしてみたいですか？

　今までより３倍喜んでもらっている自分はどのような感じですか？

④皆と共にどんな喜びを体験したいですか？

　さらにうれしく楽しくなるために、どのような工夫をしたいですか？

⑤氏族と共に、何をしてみたいですか？

　さらにうれしく楽しくなるために、何がしたいですか？

※良心＝本心

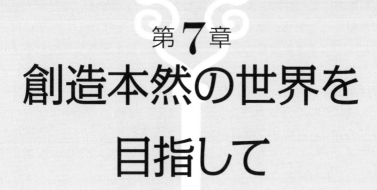

第7章

創造本然の世界を目指して

1. 神と人と万物が共鳴する「本然のエデンの園」

◆ み言

　六番目に、愛する天一国市民の皆様！　後天開闢(かいびゃく)の時代は、人間の堕落によって失ってしまった創造本然の理想世界を再び探し立てる時代です。神様が創造してくださった宇宙万象、すなわち自然環境も、人間の人生を豊かなものにするためには絶対必要な条件です。……

　自然を愛することは、すなわち人間を愛することであり、さらには神様を愛することです。皆様の人生が自然と共鳴圏を形成して生きるようになるとき、その中で人格完成の花を咲かせるようになるでしょう。その中で、真の心情文化と芸術世界の花が咲き、創造本性を中心として、神様と人間、そして万物が一つに調和して暮らす創造本然のエデンの園になるでしょう。このような真の愛の人生を実践する天一国の国民に、どうして天が大いなる福を下さらないことがあるでしょうか。永遠に福楽を享受して暮らすようになるでしょう。

（ 天一国経典『天聖経』1406ページ ）

　「ごめんなさい」、「ありがとう」と言うことのできる心、水を見て、山野を見つめて、野原を見つめて、三千里の山川、さらには大地球星を見つめて「ありがとう！」と言うことができる心、神様の前に有り難いと考え、環境に有り難いと考え、不平を言わないで侍(はべ)って暮らすことができる、このような主人の心をもちなさいというのです。真の主人には、そのような人々がなるのです。

（『宇宙の根本』92ページ ）

　神様の心は、神様のみ言(ことば)の中だけにあるのではなく、神様が造られた万物の中にもあります。天地のどこに行っても、そこに神様の心があるというのです。ですから、神様は存在しないところがない、すなわち遍在すると言われています。

（ 天一国経典『天聖経』34ページ ）

　皆さんは、神様の遍在性を、どのようにして感じることができるのでしょうか。空気を神様の息のように感じ、台風が吹いてくれば、それを神様の鼻の息のように感じなさいというのです。流れる水があるなら、それを、神様がこの世界のために受難の道を克服しながら流された汗のように感じなさいというのです。太陽を眺めれば、その太陽がこの宇宙全体の生命の要因を象徴していることを知って、神様の愛を太陽から学びなさいというのです。

　神様の心情を体恤するための一つの教本であり、教材として展開させ、愛する息子、娘を喜ばせるための教材として立てておいたものが自然です。

（天一国経典『天聖経』34〜35ページ）

　被造物は、実に、切なる思いで神の子たちの出現を待ち望んでいる。なぜなら、被造物が虚無に服したのは、自分の意志によるのではなく、服従させたかたによるのであり、かつ、被造物自身にも、滅びのなわめから解放されて、神の子たちの栄光の自由に入る望みが残されているからである。実に、被造物全体が、今に至るまで、共にうめき共に産みの苦しみを続けていることを、わたしたちは知っている。

（『聖書』ローマ人への手紙 8章19〜22節）

🎓 み言解説

「天正宮博物館奉献式および天宙平和の王 真の父母様 戴冠式」のとき
に、お父様が「天一国は太平聖代の理想天国」というみ言を下さいました。
そのみ言の最後の内容は、「天一国市民の生き方」でした。

（→参照　天一国経典『天聖経』1406ページ）

❖創造本然のエデンの園

これがお父様の語られる、創造本然のエデンの園です。創造本然の理
想世界は、自然を愛する世界であり、また人間を愛する世界であり、さ
らには神様を愛する世界なのです。万物は神様の象徴的な実体対象であ
り、人間は神様の形象的な実体対象であり、似姿です。自然を愛するこ
とは、人間を愛することや、神様を愛することに通じるのです。

そして、神様と人と万物の共鳴圏を形成するとはどういうことでしょ
うか。心の目で万物に語りかけ、光を投げ放って「神の祝福を願う祈り」
のワークをし、正しく万物を主管して愛してあげれば、自然界との共鳴
圏を体験し、創造本然のエデンの園（天国）にいるかのような、神様の
愛を体感するようになるのです。そのような食口が増えてきています。

（→参照　『宇宙の根本』92ページ）

すべての自然環境に対して「ありがとう」、そしてそれらを創造された
神様に対して「ありがとうございます」という思いが心の底からあふれて
くる、そういう気持ちを持って生活する天一国市民になってほしいという
ことなのです。

❖神様は遍在される

いつも万物に感動し、感謝する生活を積み重ねていくと、万物から答
えが返ってくるという体験をするのです。ある婦人の証しですが、道端

※心の目＝神の目　光＝神の愛　良心＝本心

にカエルがいたので「おはよう」と声を投げかけたら、「こうやって私が
出てきたら、あなたは喜ぶでしょう？」と返事があった感じがしてうれ
しくなったといいます。地下鉄の地上出口から見えるビルがいつも「正
午定着！」と言っているようで、心が正されてきたという話もありました。

　カエルに言葉を投げかけるなんて、一般人からすればおかしく感じる
かもしれません。しかし、神様はあらゆるものに遍在しています。神様
の愛に感謝しながら万物に対し、愛の心を投げかけると、神様と人と万
物が共鳴する「本然のエデンの園」を感じることができるのです。

（→参照　天一国経典『天聖経』34ページ）

　象徴的な神様の実体対象であるカエルにも、神様が遍在するのです。
万物は神様の象徴的な実体対象ですから、人間が問いかければ、私の良※
心を通して答えが返ってくるのです。神様と人と万物の共鳴圏が生じる
のです。そうすれば、至るところに神様が遍在しておられることに気づ
くはずです。

　また、聖書には、「被造物は、実に、切なる思いで神の子たちの出現を
待ち望んでいる」（ローマ人への手紙8章19節）とあります。万物も、真
の愛で自分たちを愛してくれる主人（本然の人間）が現れることを待って
いるのです。

　万物は、本然の人間（神の子女）が現れることによって、自分たちが
真の愛で主管されることを待ち望んでいるのです。

WORK⑳「人と万物に感謝する」ワーク

当たり前のものは何一つありません！

本心が感じた言葉を心の中で語りかけてみよう！「ありがとう！」って体の中から神様の愛があふれてくるかもしれませんよ！

1. あなたの好きな物、お気に入りの物（持ち物・服・道具・趣味のもの）、食べ物は何ですか？

   それも神様があなたの喜びのために創られたプレゼントです。

   そのものをしみじみと見て、触って感じてみてください。

   「なんときれいで素敵なんだろう。ありがとう」と言ってみよう！

2. 身近にある自然（木、花、緑）をしみじみと見つめてみよう！

   そして心で感じたことを語りかけてみよう！

   「うわぁ！キレイだね、いつもそこにいてくれていたのだね、いつもありがとう！」と言ってみよう！

3. 身近にいる動物（スズメ、ハト、イヌ、ネコなど）に向かって

   「カワイイね！今日も思いっきり遊ぶんだよ！ありがとう！」と言ってみよう！

4. 出会う人々に向かって心の中で……

   ・お年寄りに向かって心の中で「今日も一日気をつけて、元気で、長生きしてくださいね。ありがとう！」と言ってみよう！

   ・赤ちゃんや子供に向かって 心の中で「今日も楽しく元気に遊ぶんだよ。生まれてきてくれてありがとう！」と言ってみよう！

5. 次々に目に入ってくる人やあらゆるものに、またその根源の神様に、「ワァ〜、素晴らしいな。ありがとう」と感動と感謝の気持ちを持とう。

🎓 WORK⑳の解説

　当たり前だと思っていたことも、一つ一つ、意識を「今ここ」において見ていくとき、それら万物の本当の美しさや貴い価値が見えてきます。

1. あなたの好きな物、お気に入りの物、食べ物は何ですか？
2. 身近にある万物に対し、感謝の思いを持とう

　木々や花や土や建物や、青空や太陽に対して「ありがとう」と感謝していくうちに、それらを与えてくださった神様に対して、心の底から「ありがとうございます」という思いが湧いてくるのです。すべての根源である神様への感謝の思いを、心の底から感じるのです。万物は一つ一つが神様の愛の結晶です。一つ一つから、神様の愛を感じ取っていくのです。

　自分本位の思考に囚（とら）われて歩いていれば、神様の愛が込められて創造された万物であることが分からないものです。見ているようで、その価値が見えていないのです。しかし、意識を「今ここ」において、自覚※でもって一つ一つの万物を見ていくと、「わぁ、なんてきれいなんだろう」「こんなところにこんな看板があったとは知らなかった」「こんな店が、こんな建物が建っていたんだ」と、何年も歩いている道であったとしても、気づきがあるものです。

　そして、「きれいだね」「素晴らしいね」「ありがとう」と、万物に感謝するのです。そうすれば、美（答え）が返ってくるのです。それをイメージしてみましょう。

3. 身近にいる動物に向かって……

　純粋な幼子のような心をもたなければ、小動物に向かって語りかけるなんてできないかもしれません。しかしやっていくうちに、純粋な心が呼び覚まされてきます。

※自覚＝本然の自分

4. 出会う人々に心の中で声をかけてみる

　お年寄りに向かって「きょうも一日、幸せに生きてくださいね」、赤ちゃんに向かって「生まれてきてよかったね、幸せな一日を過ごしてね」と言ってみるのです。そうすると、どんどん自分の心が、優しくなり、万民を愛し救おうとされる神様の心情が分かり、より本然の心に近くなっていくのです。

5. 目に入ってくる存在物に心の中で声をかけてみる

　建物一つにしても、材料は神様の被造物からできており、それを加工してくれた人がいて、存在しているのです。神様のつくられた素材が人を通して床となり、テーブルとなり、この建物が建っているのです。花壇や街路樹など、人間の心を和ませてくれるのです。駅や街、家までの帰り道、そのすべては、神様のつくられたものが人を通してでき上がったものです。すべての根源は神様なのです。

　偶然に存在しているものなど何一つないのです。それらの一つ一つに感動したときに、背後にある神様の愛を感じることでしょう。偶然存在すると思っていた万物の中に、神様の愛を感じながら、神様と人と万物が共鳴する現象が起こるのです。その世界が本然のエデンの園であると言えます。目に入ってくる存在物に対して、心の中で「ありがとう」と声をかけてみると、それらと共鳴するのです。

　ある人が、歩きながら瞑想していて、意識して一つ一つに感謝していくと、共鳴現象によって天国にいるような思いになったといいます。そして教会に行くと、そこにいるすべての人が笑顔で、うれしくて仕方がない、ワクワクが止まらないというような、温かい平和な気持ちになったというのです。
　心のあり方が変わったら、そこが天国のように感じられるのです。

※良心＝本心

✻「人と万物に感謝する」ワーク実践の証し

✾天一国の出発は、天国を日々、心の中で実感すること

〔60代／女性／Ｙさんの実践報告〕

　「自己牧会プログラム」の１日研修を受講した日、自宅への帰り道のことです。「人と万物に感謝する」ワークを意識して歩いていると、道路の右端に咲く真っ赤な花が私の目に入ってきました。言葉では表現できない深紅の美しさ……。私の頭ほどの高さのところで、風に揺られて気持ち良さそうに輝いていました。

　毎日通う道に咲いていても、一度も気づくことがなかった赤い花……。一瞬の驚きとともに、感動の気持ちでワクワクしてきました。神様の懐に抱かれていることを感じました。

　すべての万物の美しさと共鳴して、ただ人々を愛したい、共にいたいという衝動があふれてきました。このような生活、幸福感に満たされた毎日を送ることができれば、「天一国は成し遂げられる」という希望と確信が湧いてきました。天一国の出発は、天国を日々、心の中で実感するところから始まるのだと分かりました。

✾自分も、すべての人も、神様の子女となるべき

〔50代／女性／Ｋさんの実践報告〕

　街を歩いていると、ホームレスの方がいました。私はホームレスが苦手で、そのまま通り過ぎようとしました。ですが、良心から「この人を愛せば、あなたは幸せになるよ」という声が聞こえたように感じました。「愛する」といっても声をかけることには葛藤を感じたので、「心の声」をかけてみました。

　すると、「神様はこの人も救いたい。この人も自分も神様の子女になるべきなんだ」という思いが湧き起こり、優しさと愛があふれてきました。そして心が喜びに満たされてきて、目に見えるすべてのものが輝いて見

えました。万物に対しても、感謝の気持ちが湧いてきて、急行電車に「いつもありがとう！」と「心の声」をかけてみると、「僕も頑張っているよー！」と声が返ってきたように感じました。万物を通しても、喜びを与えられました。

「万物を愛することは神を愛すること」という真の父母様のみ言が思い出され、これからも、人と万物に感謝して、神様の愛を感じていきたいと思いました。

❋万物が光に満たされ、「今ここ」が天国に

〔50代／女性／Kさんの実践報告〕

私は毎朝、伝道拠点の掃除と整理整頓をしています。ともすれば孤独で寂しい気持ちになりがちな役割ですが、「人と万物に感謝する」ワークを通して、日々そこに天国を感じています。

具体的には、コーヒーカップやお盆、観葉植物など、すべての備品にあいさつし、「いつも新しいゲストを迎えてくれてありがとう」と感動と感謝の思いを光とともに投げかけています。

すると、万物から喜びの声が返ってくるように感じます。特にホワイトボードなどは「講義をしてくれて、み言が書かれてうれしいよ。人が生かされてうれしいよ」と言っているように感じます。人の役に立ちたいと思って、うれしくてここにいるんだなと感じると、私の良心も共鳴して、目に入るもの全体が光に満たされていくのを感じます。

「自然と共鳴圏を形成して生きるようになるとき、その中で人格完成の花を咲かせるようになる」と真の父母様は教えてくださいましたが、何げない環境の中にも天国を感じています。この光を、国や世界に拡大していきたいと思います。

※光＝神の愛　良心＝本心　自覚＝本然の自分　囚われの自分＝自己中心的な思いに囚われる自分

📖 ワークシート⑳
「人と万物に感謝する」ワーク
気づきを書くことによって、ワークが格段に進展していきます！

　目に入ってくる人や万物一つ一つに感動し感謝することによって、私と自然界が共鳴します。この「人と万物に感謝する」ワークによって、私が見る世界がどう変わって見えるのか、心がどのように変化したかについて書いてみましょう。

　万物も、真の愛をもって愛し、主管してくれる真の主人が現れることを待っています。※自覚によって、意識を「今ここ」にすれば、囚われの自分から解放され、自然界や万物の美しさをさらに実感することができるでしょう。

WORK㉑「光を投げ放つ」ワーク

> **1.** 目に入る一人一人に対し、心の目で相手の良心に向かって
> 光を送り、あいさつをする
> ➡返ってくる言葉を思い浮かべてみる
>
> **2.** 万物（目の前にある物）一つ一つにあいさつをし、感動と感謝の言
> 葉を投げかける
> ➡返事を思い浮かべる
>
> **3.** 見えているすべての万物に対してくまなく祝福する気持ちで、
> 光を投げかけ、光を全体に満たしていく

🎓 WORK㉑の解説

　一番簡単で分かりやすいのが、「光を投げ放つ」ワークです。これを実践すればいいでしょう。一つ一つに感動し、「人と万物に感謝する」ワークをしながら、光を投げ放っていくのです。

（→参照　＜巻末＞マンガでわかる！「光を投げ放つ」ワーク）

　目に入る一人一人に、心の目で、相手の良心に向かって光を送ります。「こんにちは」と心の中で言いながら、光を投げ放っていきます。そして、目の前にビルがあれば、ビル全体に光を投げ放ちます。ビルの中にはいろいろな人がいます。その全員に対しても光を投げ放ちます。こちらのビルにもあちらのビルにも、光を投げます。目に入る道路、すべての景色、辺り一帯のすべてに光を投げ放ちます。そうしたら自分が愛の発光体になっていくようになるのです。

※光＝神の愛　心の目＝神の目　良心＝本心　囚われの自分＝自己中心的な思いに囚われる自分

　そうすると、祝福家庭においては、人と万物と自分および神様が一体となった境地を感じるようになり、共鳴現象が起こって、天国にいるかのような喜び、平安、感動、感謝、そういう世界を体験できるのです。この地上世界が、光り輝いた平和な世界、平安な世界、そんな世界に見えてくるでしょう。

　そういう体験を通して、「ああ、天国は、まずは自分の心が神様の愛と共鳴したときに感じられてくるのだな」と分かるのです。これは貴重な体験になることでしょう。

　「神の国は、実にあなたがたのただ中にあるのだ」（ルカによる福音書17章21節）という聖句があるように、何よりも、天一国を自分の中に感じるという経験が大切です。

　「天正宮博物館奉献式および天宙平和の王 真の父母様 戴冠式」におけるみ言は、「真の愛の人生を実践する天一国の国民」となるために、地上で霊人体を完成する生活をしなさいということです。そのポイントとなるものは、神様を中心に万物と人と共鳴圏を形成して生きることです。それが人格完成の道につながっていくのです。

　また、そのようになって、霊界のお父様に話しかければ、会話することもでき、皆が光に包まれ、一つになって、創造本然の世界を感じることができるでしょう。

　私たちが求めているのは、神様を中心とした人類一家族世界という平和な世界であり、平安と喜びを感じる創造本然の世界です。そんな世界が、一刻も早く実現すればいいですね。その世界を創建するのが、天一国主人の生活なのです。

　最後に、日々大切なことは、自己主管をして、邪心に囚われず、良心ですべての物事を見ていくことです。まず、※囚われの自分に気づいたら、何度も神の目、良心で物事を見るようにすることが重要であり、そのよ

うな各種ワークの繰り返しです。良心によって光を投げ放っていけば、平和な天国を感じていくようになるでしょう。

　さぁ、囚われの自分から解放され、いよいよ天一国の真の主人を目指して出発です！　これから実体的天一国創建に向かいながら、神氏族的メシヤとして、まず私たちの足元から天一国を築いていきましょう！

※光＝神の愛　囚われの自分＝自己中心的な思いに囚われる自分

✻「光を投げ放つ」ワーク実践の証し

✻「真の愛の発光体」を実感

〔20代／男性／Kさんの実践報告〕

　目に入る万物、道行く人々すべてに、「光を投げ放つ」ワークをしています。一つの空き缶が、往来する人々に蹴られてカラコロ、カラコロと転がっていました。私は批判的な性格で、街にゴミが落ちていると、「誰が捨てたんだ！」と責める気持ちになることが常です。

　しかしこのときは、心の奥底から「かわいそうだな」という気持ちがあふれてきました。それでその空き缶を拾って、ゴミ箱に捨てている自分がいました。空き缶の痛みを自分のもののように感じられる本性に気づき、自分自身がそのことに感動しました。

　その後、障害を持っている方が目の前を通りました。すると、「この人こそ幸せになってほしい」と感じられ、心が熱くなりました。「幸せになってください」とさらに光を送りました。

　「受ける人は、借りをつくる人です。皆様は、その借りを返すために、これから、かわいそうな貧しい人の涙を拭ってあげ、暗い所を明るくしてあげる永遠の真の愛の発光体となる人生を生きるように願います」というみ言がありますが、このワークを通して成就できると実感しています。

✻本然のエデンの園は、すでに私の中に

〔20代／女性／Tさんの実践報告〕

　私は祝福二世として、教会活動に全力で取り組んできました。しかし、歩むほどに強い堕落性を自覚するようになり、「こんなに堕落性が強いのに……天一国なんて築けっこない」と思うようになり、苦しんでいました。それでも、「光を投げ放つ」ワークを続けていました。目に入るものや道行く人々すべてに「幸せになってね」と光を投げかけていると、トンボが私の肩にとまりました。パッと目が合ったように感じました。

　「目がきれいだね」と光を投げかけながら「神様がトンボを創造され

たときはどんな心情でしたか？」と尋ねた瞬間、目に映る風景すべてが輝くように見えました。落ち葉が落ちるだけでも、その美しい光景に涙があふれ、神様の愛と平安が心を満たしていきます。初めての体験でした。

　「神様の代わりに山を愛し、神様の代わりに水を愛し、神様の代わりに万物を愛すれば、万事亨通（すべてが順調であること）」（天一国経典『天聖経』662ページ）というみ言は知ってはいました。真の愛の発光体を目指して、光を放ったところ、そこは何の影もない、本然のエデンの園なのだと感じられ、このときエデンの園が心にイメージできました。これが公的に歩む原点となればいいなと思います。

※邪心の思いに囚われていたのが、光を放つと輝く世界が

〔20代／男性／Ｓさんの実践報告〕

　ある日、教会に向かう途中で、ワークについて「なぜあんなことを言われなければならないんだ！」と意固地になっていました。

　それでも、ふと邪心の思いを手放せたときがあり、我知らず道の横にある白い壁に光を放ってみました。その瞬間、見える世界が一変しました。塗り替えが進む壁の白さが無条件に美しいと感じられ、その壁の塗り替えを雨の中でもやり続ける人がいることが本当にありがたいと感謝の気持ちが湧きました。

　道に落ちている何げない小さな物にも、なぜか心が癒やされました。紅葉の季節、葉の色が日々刻々と変わることに心から喜びを覚えていることに気がつきました。平安と喜びに包まれて、「私こそが正しい」という思いに囚われていた自分であることに気づきました。

　このような恩恵の中、あるゲストが礼拝に初めて参加してくれました。神様の愛がなかなか実感できない兄弟だったのですが、「教会の方々が愛で満たされ、光り輝いているのが分かります」と感想を述べました。信仰の親子共々、神様の愛の光に包まれる恩恵を受けています。

※光＝神の愛

📖 ワークシート㉑
「光を投げ放つ」ワーク
気づきを書くことによって、ワークが格段に進展していきます！

　目に入ってくる人や万物すべてに光を投げ放っていくことによって、自分の心に影が生じる隙間がなくなっていくことを感じましたか？　真の愛の発光体となって、人と万物と共鳴し、温かさや平安、喜び等を体験できましたか？　感じたことを書いてみましょう。

　「光を投げ放つ」ワークをすることによって心が温かくなり、すべてを心の目で見つめられるようになり、どんなときでも温かい平安な天国を感じるようになったらいいですね。

付録

代表的証しの
事例集

❁ 再復帰され、両親と妹を再び教会に導き、共に聖酒式に参加

〔20代／祝福二世／Aさんの事例〕

　私は子供の頃から、将来は祝福を受けて、神様を中心とする家庭を築くことが天の願いであることは本心でよく分かっていました。しかし、具体的にどうしたらいいのかが分からず、ずっと苦しんでいました。ある時までは教会に所属しており、礼拝に出席しながら歩めたらいいとは思っていたのですが、教会に対して悪いイメージが強く、カープの学舎に所属していた学生時代を最後に、7年間教会に通うことができませんでした。それでも何とか道がないかと、文字どおり祈るような毎日を送っていました。

ワークと出合って、良心との対話で喜びに満たされる※

　カープで活動していた時代の知人との再会をきっかけに、私は「自己牧会プログラム」と出合いました。

　率直に、私が今すべきことは「これだ！」と確信しました。やるべきことが具体的で分かりやすく、誰にでもすぐ生活の中で実践でき、ワークの内容が三大祝福と直結しており、まさに私が求めていた内容でした。ワークを実践していく中で、内面が急速に変化していきました。心が軽くなり、良心との対話を通して、いつも共におられる神様を感じずにはいられない毎日になりました。ワクワクした心情で歩める喜びに満たされるようになりました。

ワークで父への誤解が解けた

　私は、知識が豊富で論理的に話す「知的な人」が特に苦手でした。それはまさに、私の父の姿でした。学生時代から父との会話を避けるようになり、話しかけられても無視するようになりました。

　どうして父をこんなに拒絶するようになったのかと思って、ワークに取り組みました。すると、子供の頃の体験が蘇ってきました。母が父に対する葛藤をつぶやいているのを聞く中で、「お母さんに嫌な思いをさ

※良心＝本心　固定観念＝我執

せているお父さん」という[※]固定観念を私が勝手に作り上げてしまい、父を誤解していただけなのだと分かりました。

　父から嫌なことをされたことは一度もなかったことに気がつき、父から受けた愛が思い起こされて、むしろ父への感謝の思いと、申し訳ない気持ちでいっぱいになりました。

教会から足が遠のいていた父母と妹が聖酒式へ

　それまで私は、父の日に何もしていませんでした。心情を転換できたあと、初めて迎えた父の日に、私はメッセージカードを作って父に送りました。

　「今まで父の日に何もしてあげてなくてごめんね。今は神様、真の父母様、そしてお父さん、お母さん、たくさんの人たちの精誠の中で、今の私があるし、生かされていると思うので、本当に感謝しています。これから祝福に向けて、お父さんとお母さんと直接話していきたいと思っています」という内容でした。父はとても喜んでくれました。

　父には教会に対して複雑な心境を抱えるようになった事情があり、長らく教会から足が遠のいていたのです。しかし、私との心情関係が回復することによって、両親が教会にもう一度つながる道が開けました。

　父は、「私がこのような状況では、娘の祝福はもう難しいと思っていた。娘を通して道がつながり、本当にうれしい」と心から喜んでいます。今、念願の祝福に向かって着々と準備が進んでいます。神様が準備してくださった出会いと、ワークの恩恵に深く感謝しています。

❋ 母を許し、実績中心から心情中心の歩みへ転換

〔20代／祝福二世／Eさんの事例〕

　私は大学時代、伝道や教会活動に必死に取り組んできました。「もう休んでいいよ」と言われても、夜遅くまで歩み、体が疲れ切っても歩んでいました。

　そういう姿勢が、周りから評価されることもありましたが、一方で兄

弟姉妹関係には課題を抱えていました。人とやり方が合わなくて思いどおりにならないと、急に淡々とした思いになり、冷たい気持ちで人と接する癖がありました。

　また、結果がないときは、自分を責め続けていました。スタッフとして歩み出すのを目前に控えながら、私の信仰生活は、歩めば歩むほど苦しみが増すものになり、限界を迎えつつありました。

　そんな折、「自己牧会プログラム」を中心に、伝道を歩む機会が与えられました。私は必死に各種のワークに取り組みました。しかし、どのワークをやっても中途半端でした。何か焦りがあるのです。「こんなに焦っているのは、自分の何が原因ですか」と良心※に尋ねたとき、浮かんできたのは大学入試の時の光景でした。

結果がなければ母は大変なことになる、という恐れ

　当時、私はセンター試験に失敗し、不安の頂点にありました。滑り止めも出願していないし、心は真っ暗でした。母にそのことを伝えたところ、「あなた、これからいったいどうするの！」と叫んで、激しく泣き始めました。ヒステリックな母を見て、「母を心配させてしまった」と私は自分を責めました。それでも、「やるしかない」と踏ん張って、何とか地方の国立大学に合格しました。

　すると、母の態度が一変したのです。「よくやったね、あなたは良い子ね、やればできると信じていたの」と大喜びでした。しかし、それが私にはショックでした。「やっぱり結果を出さない限り、お母さんは喜ばないんだ」。結局、結果と世間体で一喜一憂する母なんだと強く思うようになりました。

　結果がなければ、母は大変なことになる、という恐れから、実績を出すまで休んではいけない、と自分に言い聞かせるようになり、いつも焦りと不安に突き動かされる歩みが始まったことに、このとき気づきました。

「ヒステリック」は親としての愛の表現だったんだよ

　この気づき以降も、ワークを続けていくと、やがて良心の声が聞こえ

※良心＝本心　囚われの自分＝自己中心的な思いに囚われる自分

てきました。その心の声は、「ヒステリックなのも、大喜びしたのも、親としての愛の表現だったんだよ」と言ってきたのです。

「本当にそうですか?」と尋ねると、「お母さんは、あなた以上にあなたのことが心配なんだよ。だから、娘が失敗したら我が事のように落ち込む、合格すれば本当に喜ぶ。お母さんも不器用ながらに必死だったんだよ」という返事がありました。

さらに、「ごめんなさい、許してください」と唱えていく中で、不器用な母が一生懸命に私を愛そうとしていて、それでもうまくいかなくて、謝っているかのような感覚がしました。

もう母の事情もよく分かってきて、母をすぐに許そうという気持ちが湧いてきました。過去の傷が癒やされ、私は愛されていたのだと腑に落ちました。

平安感と思いやり、素直な心で歩めるようになる

それから、うそのように不安と恐れが消え、平安で満たされるようになりました。裁きの思いからではなく、人に対する思いやりから兄弟姉妹に接し、実績中心から心情中心の歩みへと転換され、ゲストの幸せを思って完全投入できるようになりました。母にも素直な情を向けられるようになっています。結果として、2週間の伝道期間で2人がワークの受講決定に導かれ、今も継続して教育を受けています。ワークの実践で囚われの自分（我執）から解放され、私は今、人生で最高の幸せを感じています。

❖「私は正しい」という囚われの思いから解放され、新しい人生が出発

〔50代／女性／Iさんの事例〕

私はみ言に出合ってから32年間、献身的にみ旨を歩んできました。責任を負う立場ですので、失敗は許されないという思いを強く持ってきました。ゆえに、過去の成功・失敗の体験によって作り上げた価値観から、

「こうでなければ勝利できない」「このやり方が正しい」とすべてを決めつけて判断していました。

　この価値観から外れたら、どんなことになるか分からないという不安から、「責任を持つのは私なのだから、部署内のすべてを私が把握して、ずれがないように完全に主管していかなければならない」とかたくなに思い、実行していました。それが正しいとずっと信じてきました。

　ゆえに、私が知らない間に何かが進んでいることが分かると、強い葛藤を覚えました。「なぜ私に言わないのか」と兄弟姉妹を不信し、責める思いで接してきました。

「私は正しい」は※囚われの自分から。もっとメンバーを信じよう

　「自己牧会プログラム」に触れて、驚愕しました。「自分だけが正しい」という思いに囚われている自分であることに気づきました。それは、その背後にある過去の体験から形成された固定観念を手放してこそ、本性が引き出されると教えられたからでした。それまでの自分の価値観を中心とした歩みを完全に手放せ、と言われたに等しいことでした。

　ワークを通して、過去の自分本位の習慣性を手放し、良心にアクセスしてみると、私が不信しながら接していた兄弟姉妹は、実はみな、み旨に精誠を尽くしていることが分かりました。

　今まで、「なぜこんなこともできないのか」と責めていたメンバーに、神様が与えた優れた個性と能力があることに気づき、その素晴らしい本性が見えてきました。もっと皆を信じて委ねていいんだと解放されました。

すべてを受け入れて、許して大丈夫

　責任ある立場の者は、教会内外で起こるさまざまな現実的課題に対して取り組まなければなりません。私の信仰生活は、深刻な徹夜祈祷の連続の末に、難題を突破するといった日々の連続でした。

　あるとき、徹夜祈祷を決意して涙ながらに祈り始めたとき、良心が「それは、そんなに大したことじゃないんだよ」と言ってきました。「えー？本当ですか」と尋ねると、「神様が準備しているから大丈夫だよ」と言

※囚われの自分＝自己中心的な思いに囚われる自分　固定観念＝我執　良心＝本心

224

われたのです。私は再び「本当に大丈夫ですか、私は何をしたらいいですか」と聞くと、「喜んで歩みなさい」という答えでした。すると、不思議と喜びが込み上げてきたのです。

今までは、「ああだ、こうだ」と自分で築き上げた囚われの思いの中で私は歩んでいたのだと悟りました。「神様がいるのだから、何が起きても、すべてを受け入れて許しても大丈夫、喜んで歩んで大丈夫」と思えたのです。これは衝撃的でした。共におられる神様を感じるうちに、伝道を通して天に喜んでいただきたいという衝動が止まらなくなり、22年ぶりに自ら街頭伝道に出るようになりました。結果として、1年半の間に38人の方が街頭から導かれ、ワークの受講決定がなされました。

家庭においても、「信じて大丈夫」

家庭においても、「私は正しい」という囚われの思いを捨てるようにしました。「二世を立派に育てよう」と思い、小学6年生の息子を週4日、4時間の塾に行かせていました。主体性に任せるのではなく、親が日程まで細かく主管していたのですが、そうすることをやめました。すると、子供は本当にのびのびと遊ぶようになりました。

息子を信じる闘いがありましたが、ある時から息子が自ら「頑張って勉強したい」と訴えてくるようになりました。「教材が欲しい」と言うので買ったところ、「やった！」と言って喜んでいるのです。本心から喜ぶ力はすごいなと思いました。過去の押し付ける接し方を続けていたら、家庭崩壊していたかもしれません。

❉教会に強く反対した母を独身祝福へ

〔40代／女性／Mさんの事例〕

私は独身時代に1年間、教会に反対する牧師と父母により拉致監禁され、強制的な脱会説得を受けた経験があります。何とか監禁場所から逃げましたが、その後、数年間は連絡も取れない状態が続きました。

家庭を出発して、徐々に親子の交流は回復していったものの、「また

何かが起きるのではないか」という恐怖心から、教会のことは一切口に出さない日々が続きました。「なぜ娘である私を突然監禁したのか」という父母に対する恨みや不信の思いが私の中に根強く残りました。

昨年、父が亡くなりました。教会全体として祝福伝道が願われる中、母に独身祝福を授けたい心情が湧いてきました。一方で、傷つけられた思いや過去の痛みを乗り越えることはとてもできそうにない、というのが本音でした。

お母さん、つらい思いをさせてごめんなさい

教会スタッフの方に相談したところ、「ワークに取り組んだらいいですよ」という勧めを受け、「心の目で見る」※ワークを始めてみることにしました。

粘り強く続けるうちに、「親もあの時苦しかったんだよ、親も傷ついていたんだよ」という思いが良心※から与えられたのです。親が背負ってきた痛みを、頭ではなく心で理解することができました。

帰省した際に「お母さん、つらい思いをさせてごめんなさい」と謝ることができました。すると母は「やっと分かってくれたか」と言って泣き出しました。

そして私は、「お母さんに永遠に幸せになってほしいから、聖酒を飲んでほしい」と真心から伝えることができました。母は「おまえがそこまで言うんだったら」と、聖酒と祝祷を受けてくれたのです。

父母に教会のことを話すのを躊躇（ちゅうちょ）して避けてきた私が、積極的にこんな言葉を口にできたことに、自分でも驚きました。双方の根強いわだかまりを解くことができ、氏族復帰が大きく前進したことに感謝しています。

❀家庭出発6年、夫と初めて心が通じました

〔50代／女性／Sさんの事例〕

家庭を出発して6年が過ぎましたが、ずっと主人に対して葛藤する毎日でした。主人の欠点ばかりが目に付き、一緒にいても苦痛を感じるこ

※心の目＝神の目　良心＝本心

226

とばかりでした。私の唯一の楽しみは、主人が泊まりがけの仕事で家を留守にすることでした。いつしか笑顔も消え、「なぜ祝福を受けてしまったのだろう？」「神様、どうして私の相手はこんな人なのですか？」と祝福を受けたことを後悔し、神様を恨みさえしました。

そんな中で、「自己牧会プログラム」のセミナーに参加しました。そのとき、私は常に「私が正しい」とかたくなに思っていて、主人のすべてを否定し、夫として認めていなかったことに気づきました。

夫婦っていいものだと初めて分かった

1週間後、2回目のセミナーに参加した日のことです。ちょうど主人が泊まりがけの仕事から5日ぶりに帰って来る日でした。今までなら憂うつになるところですが、その日の私は違いました。「どんなふうにしたら主人は喜ぶかしら？」という思いが湧いてくるのです。

帰りの電車の中で「家に着いたら掃除をして主人を迎えよう」と思いを巡らせていると、ちょうどそのとき、主人から「きょうお弁当をもらったから、よかったら食べてください」というメールが入りました。ささいな出来事ですが、初めて主人と心が通じ合えたと思えた瞬間でした。

家に着き、掃除をしているときに主人が帰ってきました。主人の顔を見て、明るく「お帰りなさい！」と言って迎えることができました。いつもは、主人に背を向けたままあいさつしていたので、主人は少し驚きつつも喜んでいました。

夕食の時間も会話が弾み、初めて「夫婦っていいものなんだ！」と思うことができました。今では、自然に笑えるようになり、心も体も軽くなったことを実感しています。この感動を一人でも多くの方に伝えていきたいと思います。

❖「あなたが主人になることで、恨みが解かれるよ」

〔30代／男性／Kさんの事例〕

今から約10年前、大学院生の時に私は復帰されました。信仰を持つよ

うになってから1年ほどで二世教育に携わるようになり、み旨に熱心に取り組んでいました。真のお父様の聖和の時には、ある二世の兄弟を家庭に泊めました。中高生時代、私をよく支えてくれていた兄弟ですが、あることで非常に悩み始め、信仰生活を続けるかどうかを迷っていたのです。

真のお父様の聖和後、真の子女様や真のご家庭の状況をきっかけに、彼は引きこもりのような状態になりました。そんな彼を見て、「私のやってきたことは無駄だったのか」という脱力感に襲われるようになりました。やがて私自身も教会から足が遠のくようになり、客観的な目ですべてを見つめ始めました。このような状態が4年間続きました。

「主人になるために、自分を伝道しなさい」

そんな折、「自己牧会プログラム」2日修が開催されるという情報が耳に入りました。不思議なことに、その両日とも仕事が休みだったのです。「これで何も得られなかったら、教会にはもう行くまい」という思いで参加しました。

2日修の中で、良心の声※を聞いてみるという時間があり、導かれるまま良心との対話を試みました。すると、「あなたが主人になることで、恨みが解かれるよ」「主人になるために、自分を伝道しなさい、原理を学びなさい」という思いが湧いてきたのです。

誰がどのようになったとしても、私が主人になり、自己伝道していくことが大切なんだと腑に落ちました。引っかかっていたすべてのことが解かれました。

私の息子は2歳9ヵ月になります。二世として正しく育てることができるかどうか、不安を抱えていましたが、その迷いも消えました。今では毎回礼拝に参加し、二世教育のお手伝いと、定期的に街頭伝道にも取り組んでいます。

❀激しい葛藤の連続から信じる心へ転換、そして勝利

〔60代／男性／Sさんの事例〕

※良心＝本心　自覚＝本然の自分　囚われの自分＝自己中心的な思いに囚われる自分

　私はある部署の責任者として歩んでいます。責任を持つ立場にいれば、「あれはどのようにしたらよいだろう」「これはどのように道を切り開いたらよいのか」という不安や苦悩、恐れが消えることはありませんでした。

　特に、思うように物事が進まない時には、いつしかスタッフや食口に対して要求と裁きの思いを抱いてしまい、激しい葛藤の日々でした。そんな時、「自己牧会プログラム」の内容を紹介されました。

良心から「みんな乗り越えていきたいと思っているのだ」と声が返ってきた

　まず「自覚を取り戻す」ワークを行ってみたところ、次第に不安や苦悩、恐れの思いが消えてきて、平安な思いで過ごせる時間が多くなってきました。

　さらに、「良心に対して祈る」ワークに取り組んでみると、「食口たちもみんな乗り越えていきたいと思っているのだ」という声が返ってきました。私は「本当にそうだ」と思って、皆を信じてみようという心情に転換されました。そんな時、ある難しい事態を解決するためのアイデアが湧き、それをスタッフともよく共有して行動に移してみました。

　結果として、すべてが最初から準備されていたかのように導かれ、困難な局面が打開されました。囚われの自分でいては、見えるものも見えないのだと気づかされました。良心との対話によって、神様の導きが身近に感じられるようになりました。

　私が赴任した当初は、さまざまな面で厳しい歩みが続いていましたが、心情の転換を実感して以降、状況が良いほうに変わりました。天の導きに感謝します。

❋心情の転換によって、伝道にも実りが

〔30代／男性／Yさんの事例〕

　私は、複数の拠点を担当する責任者をしています。全体で「自己牧会プログラム」の1日研修を受講して、半年間継続してワークを実践しま

した。

　若いメンバーが多い中で、今まで伝道がうまくいかず、自信をなくす人もいましたが、「自己牧会プログラム」を取り入れてからは、兄弟姉妹が生き生きと喜んで伝道に取り組めるようになっています。

お互いに光[※]を感じ合っていくことが大切

　ある拠点の取り組みについて紹介します。その拠点のリーダーは、毎週、礼拝の前に「自己牧会プログラム」のワークについて講義を行い、毎日の夜の集会で実践報告をして恩恵交換をしています。

　毎日３人が神様からの恩恵を証しし、それに対してリーダーが一人一人にコメントを述べます。どんな小さな証しでも、リーダーがよく受け止めて賛美し、神様に連結することを意識しています。

　結果として、兄弟姉妹が生活圏で出会った神様の愛がよく分かるようになり、心情がよく整理されるのです。それが自信になり、良い心情文化に転換されて、恩恵が拡大してきています。伝道に出られない兄弟姉妹も、良心[※]と対話をする中で、今の自分が全体のためにできることを見つけ、実践しています。

　その神様からの恩恵を夜の祈祷会で分かち合っていくと、お互いに光を感じて、皆がかけがえのない兄弟姉妹であると実感できる、そのような文化が芽生え始めています。

　今まで全く伝道で実りがなかったメンバーにも実りが現れるようになり、ある伝道路程では、その拠点が非常に高い評価を受けるようになりました。真のお母様の願われる孝情の世界を体恤（たいじゅつ）し、天に喜びと希望をお返しできるよう、これからも精誠を尽くしてまいります。

✿公務で忙しい両親への恨みが解かれました

〔30代／女性／祝福二世／Aさんの事例〕

　私の両親は公職者です。私の心には、「み旨に忙しい親は、私に対しては投入してくれなかった。だからたくさん寂しい思いをした」という

※光＝神の愛　　良心＝本心　　自覚＝本然の自分

恨みがありました。

　出産のために、私は４ヵ月間里帰りすることにしました。ある日、母が突然病気で倒れました。救急車を呼び、外的に必要な措置はとったものの、いたわりの気持ちをもって母の体に触れることができませんでした。心の中から湧き出る思いは、「家庭を顧みず、み旨ばかりしているから倒れるんだ」という母への不満でした。10日後、母は家に帰ってきましたが、私は母を許すことができず、愛せない自分であると落胆しました。

「親は忙しかっただけで、私はあの時も愛されていたんだ」

　実家から東京に戻るまであと３週間となった日のことです。「自覚を取り戻す」ワークを実践すると、私は不思議な体験をしました。

　木々の緑がきれいだ、海の音がすがすがしい、子供を抱いている、とても心は穏やかだ、人生は愛にあふれている等々と感動の思いがあふれ出し、時が止まったような感覚に襲われ、神様の愛で心が満たされました。これが「正午定着」の境地ではないかと感じました。

　そして、「親がみ旨に忙しくしていることは不幸だと、決めつけてきたよね」という良心の声が、心に響いてくるのを感じました。

　自分が寂しかったことを親のせいにして、良心の命じるままに歩めなかった自分を、正当化していたのだと気づきました。親はみ旨に忙しく歩んでいたけれども、私はあの時も、どんなときも愛されていたんだ、と分かりました。

　長年囚われていたものが、サーッとなくなりました。これまでは、「感謝しなければ」と何度言い聞かせても変わらなかった自分の心が、良心の声によって一気に転換されました。

　以前は、私は母に体を触られると、「触らないで」という拒否反応があったのに、今では互いにマッサージし合うことまでできるようになりました。恩恵に感謝しています。

❀暴言を繰り返す患者さんから「ありがとう」の一言

〔20代／男性／祝福二世／Gさんの事例〕

　私は看護師として働いています。勤務している施設には、「もう私は死んでいる」という言葉を繰り返し、自分の思いどおりにいかないと、私に唾を吐きかけて、「こいつに殺された！」と絶叫する患者さんがいました。

　正直、その人の対応に悩みました。しかし、「自覚を取り戻す[※]」ワークに取り組み、常に「今ここ」を大切にするように努めました。「神の祝福を願う祈り」のワークも積み上げました。

　その人やご家族から、今まで楽しかった思い出や、頑張ってきたことなどを伺って、そのことを思い描きながら「目を見つめ合って共に喜ぶ」ワークを積み重ねました。また、「喜ばせる言葉」のワークを意識して、その方が何か良いことをされたら、どんなささいなことでも積極的に喜ばせる言葉、褒める言葉、感謝する言葉を投げかけるようにしました。

患者さんの心に「感謝」の明かりが灯（とも）った、それがうれしい

　ある日、患者さん同士で、今までしてきたことについて語り合った時に、その患者さんが「たとえ頑張って生きても、死ぬときは独りだ。死んだら今までやってきたことなんて何にもならない。それが悔しい。死ぬのが悔しい」とポツリと話されました。

　この患者さんは、人間は死んだらすべて終わりだと考えていました。その人の苦痛の思いが自分の中に流れ込んでくるかのようでした。天の父母様が、このように絶望している子女を見たとき、そのことがどれほど苦痛で悲しいことなのかを思いました。すると、その患者さんの苦しみが私のことのように感じられました。

　数日後、その人は私の顔を見ると、かすかにほほえみ、その場にいた人に「私はこの人が好きだ」と言ってくださったのです。さらに数日後に、直接「ありがとう」と私に言ってきました。それを見て、スタッフのみんなが驚きました。

※自覚＝本然の自分　良心＝本心　固定観念＝我執

この人の心に、「誰かに感謝する心」という明かりが灯ったことを、とてもうれしく感じました。天の父母様は、人と喜びを共有したい願いを持っておられることを感じ、この喜びの世界を拡大していきたい、という決意が与えられました。

✽良心は「どちらでもいいよ」と委ねてくれた

〔中学1年男子／祝福二世／I君の事例〕

私は中学生です。学校では運動系の部活に所属し、充実した日々を送っています。あるとき、Jr.STFの修錬会の日程と、部活の日程とが重なってしまいました。どちらを選択したらいいのか悩みました。

そこで母に相談してみました。教会活動を頑張っている母なので、「修錬会に行きなさい」と勧められるかもしれない、とも思いましたが、母は「良心に聞いてみたら？」とだけ答えました。

教会学校でも家庭でも、みな各種のワークを頑張っていて、自分もほんの少し良心の声を聞いたことがあったので、それならばと良心に尋ねてみることにしました。

「おまえが好きなほうを選んでいいよ」

「部活と修錬会と、どちらに行ったほうがいいですか？」と尋ねると、「どっちでもいいよ、おまえが好きなほうを選んでいいよ」という答えがすぐに返ってきました。

どちらがいいかと聞いたのに、どちらでもいいと言われて、少し意外な気持ちがしました。しかし、心はとてもうれしい気持ちで満たされました。良心は私のことをよく知っていて、私を信頼し任せてくれていることを感じたのです。

この答えを聞いて、自分の好きなほうはどっちだろうかと考えました。私は部活も好きだけれど、神様のことはもっと好きなので、修錬会に行こうと考えました。両親にこのことを伝えたら、ふたりともとても喜んでくれました。

また、学校には、許せない人、愛し難い人がいます。でも、「固定観念に気づく」[※]ワークをすると、許せない、愛せないということは、自分の固定観念が問題であると気づくことができます。それを土台に、その許せない人、愛せない人のために、今度は「神の祝福を願うの祈り」のワークをしています。心の目でその人たちを見ると、天の父母様の真の愛を感じることができ、心がうれしくなるので、今後も続けていこうと思います。

✼「あきらめなかったら、絶対跳べるよ！」

〔小学4年女子／祝福二世／Wさんの事例〕

私は、体育の時間の跳び箱が苦手です。跳び箱のテストの最終日、まだ課題をクリアできていない人だけが集まって練習することになりました。「開脚跳びから台上前転、閉脚跳びを順番にやります」と先生が言いました。私は「いやだなぁ」と思いました。

開脚跳び4段の列に並んだとき、心の中にいる神様（良心）に「私はできますか？　あきらめないほうがいいですか？」と尋ねてみました。すると「あきらめなかったら、絶対跳べるよ！」という返事がありました。

その言葉を信じて思い切って跳んだら、4年生になってから一度も跳べなかったのに、なんとクリアできたのです！

神様（良心）に聞いたら、ちゃんと答えが返ってくるんだと思いました。

✼神様が「大丈夫」、それを信じて走ったら1位

〔小学5年女子／祝福二世／Mさんの事例〕

この前の運動会のとき、生まれて初めて徒競走で1位になりました。

私は運動が苦手で、いつもビリかその次という順位でした。普段はスタートラインに立つと、「どうせ負けるから」「転んだらどうしよう」「失敗したらどうしよう」という不安な気持ちが湧いてきます。しかし今回は「神様と一緒だから大丈夫」と言い聞かせてスタートできました。

※心の目＝神の目

　コーナーに差しかかった時、前の子に差をつけられて、もうだめかな
と思いましたが、「大丈夫だよ」と神様の声が心の中から聞こえました。
信じてあきらめないで最後まで走ったら、なんと１位でゴールできたの
です。教会学校で、いつも「私は神様の子です」という祈りをノートに
書いてきたので、神様が応援してくれたのだと思います。神様、ありが
とうございました。

「自己牧会プログラム」─ よくある質問と答え

ⓠ「自己牧会プログラム」とは、そもそも何ですか？

"囚われの自分" からの解放を目指す中で、人格向上のプロセスを体感するための祝福家庭のためのプログラムです。本書はその実践のためのワークブックです。

「自己牧会プログラム」は、信仰生活上の "補助教材" として作ったものです。

ⓠ なぜワークが必要なのですか？　そもそもワークとは何ですか？

ワークとは、私の中にいらっしゃる第二の神様（小さな神様）である良心との対話（祈り）です。人格向上のプロセスを体感するためには、祈りを通してみ言の理解を深め、心にしみ込ませることが必要です。その祈りの方法を解説しながら整理し、良心を引き出せるように導いてくれる道筋となっています。

ⓠ 自己啓発的内容に近い印象を感じますが、どう違うのですか？

自己啓発も人間の本性を引き出す一定の力があると思われます。ただし、この内容は、良心という「第二の神様」との授受作用（祈り）によって生じる内的力（自由、平和、統一、幸福）を実感しながら取り組むところが違います。

また、人格向上のプロセスを実感できる内容となっていますが、神様の実在、霊的な成長や完成に主眼点を置いている点も、一般的な自己啓発との違いの一つです。

ⓠ 罪とかサタンとか堕落性を問わないのですか？

「自己牧会プログラム」は堕落論や復帰摂理を学んだ土台の上で、より本格的に実践していただくためのものです。本性を引き出してこそ、真の意味で堕落性を脱ぎ、解決できるのです。そのためには、まず良心と対話をする生活を心がけることを強調しています。

※囚われの自分＝自己中心的な思いに囚われる自分　良心＝本心

236

◎ 良心の声に従ってさえいれば、三大祝福を完成できるのですか?

　三大祝福を完成するには、真の父母様を通して「祝福」を受け、神様の血統に連結されなければなりません。堕落人間のままでは、三大祝福の完成は不可能だからです。

　「祝福」を受けて原罪を清算したあとも、私たちには多くの罪や堕落性が残っており、創造本然の姿を取り戻すために、み言を信じ実践して良心を成長させ、本然の良心にまで到達させなければなりません。

　完成した良心(『原理講論』でいう本心)をもって「自己牧会プログラム」を継続してこそ、三大祝福に至る道が開かれていくのです。特に第一祝福の「個性完成」の観点から、その道を歩みやすくするガイドの役割を担うのが、この「自己牧会プログラム」の内容です。

◎ 良心というのは、『原理講論』でいっている本心のことですか?

　真のお父様が16万人日本女性訪韓修練会のみ言で語られた良心とは、『原理講論』でいう本心のことです。

　『原理講論』で、「堕落人間は善の絶対的な基準を知らず、良心の絶対的な基準をも立てることができないので、善の基準を異にするに従って、良心の基準も異なるものとなり、良心を主張する人たちの間にも、しばしば闘争が起こるようになる」(89ページ)と述べているように、堕落人間の持つ「良心」のままでは、本質的な人生の問題解決には至りません。ゆえに、「良心」をさらに成長させて、本然の良心(『原理講論』でいう本心)にまで至らなければなりません。そのためには「祝福」を受けて血統転換し、本然の神様の子女にならなければなりません。

　また、『原理講論』が述べている、各人の持つ「良心」だけを強調すると、食口(シック)が自分なりの道に行ってしまい、教会を離れてバラバラになってしまうのではないかと心配される方もいますが、そのとおりです。そうならないように、未完成基準の「良心」と本心とを混同せず、自分の心を客観的に見つめていく必要があります。

　み言でも「堕落した私たち人間の力では、良心の機能を本然の位置に

戻せる道はありません」（天一国経典『天聖経』1413ページ）とあるように、神様と真の父母様の血統につながり、「良心」の声だと感じた内容を、常に真の父母様のみ言に照らして確認しながら歩んでこそ、正しい人生を歩んでいくことができるでしょう。

◉「蕩減条件を立てる」ことと、どう関わりますか？

　堕落した人間が創造本然の人間に復帰していくためには、堕落性を脱ぐための蕩減条件が必要です。自己牧会プログラムのワークは、“囚われの自分” からの解放を目指しているので、このワークを蕩減条件の一形態と捉えることもできるでしょう。

◉ 真の父母様のみ言があるのに、どうしてこのようなプログラムが必要なのですか？

　み言と出合い、真の父母（メシヤ）を受け入れ、祝福を受けて、信仰生活を正しく送るようになれば、家庭においても社会においても天国を築くことができるはずです。

　しかし、「祝福」を受ける前においても、受けた後においても、堕落性を十分に脱ぐことができず、“囚われの自分” があることから、信仰生活に支障が生じ、み言を十分に生活化できないという課題が見受けられるのも事実です。「祝福」を授かった家庭であっても、み言を生活化できず、外的な歩みばかりをしていくならば、やがて心霊が枯渇して苦しむことにもなるのです。

　この状態を打開するために、日々の訓読生活とともに、心霊を復興させることが必要です。これを手助けするために開発されたのが、「自己牧会プログラム」なのです。

◉ 伝道に有効と聞きました。

　自己牧会プログラムは、単に伝道の手段・方法ではなく、心身統一のための “囚われの自分” からの解放を通して、内的復興（第一伝道＝自己伝道）を目指すためのワークです。このワークを実践して食口相互間

※良心＝本心　囚われの自分＝自己中心的な思いに囚われる自分

238

で内的な復興（第二伝道＝内部伝道）がなされることで、より多くの人が導かれる（第三伝道＝外部伝道）ことでしょう。

　まず、ご自身が実践して恩恵を感じてみてください。また、本文中の実践報告や巻末の代表的証しを読んでいただくと参考になるものがあるでしょう。

ⓠ この内容を読んで、どのようにしていけばよいでしょうか？

　最初の内容から順番に学んでいきつつ、やりたいと思うワークから継続して実践してみて、恩恵を体感することが重要です。ワーク実践で感じた内容を共有する場（証し会）を設けたらよいでしょう。互いの本性の輝きを確認することで、本性が共鳴し合い、自分一人では感じられなかった気づきや神様の愛を感じることができるようになります。一人だけで実践するよりも恩恵が深まり、復興の輪が拡大していきます。また、ワーク実践の具体的なやり方や感覚を相続することができます。

　特に自ら実践報告をすると、感じた内容が整理され、恩恵を実感するスピードが速まります。各自の家庭や部署でもセッションができるようになったらよいでしょう。

　み言に基づいて自分がワークを一生懸命して、心霊復興を感じた分だけワークを実践しようとする人が拡大していきます。「ワークをしなさい」と他の人から指示・命令されることを好む人はいません。み言を中心にして、その人の事情・心情を共有してあげられた分だけ、ワークによる復興の輪が拡大していくでしょう。

※「自己牧会プログラム」の内容には、今後も改良を加えて、より良いものをつくり上げてまいります。

マンガでわかる！

「光を投げ放つ」ワーク

WORK❶

※光をイメージして万物に 感謝の言葉を投げかけよう！

※注意を要する言葉は脚注をつけました。

皆さん！
はじめまして

講師の
根岸（ねぎし）です

ミッションセンター

今から良心から光を投げ
放つワークの方法を
紹介します！

皆さんの良心は体の
どの辺りにあると
思いますか？

良心がある
場所ですか？

根岸（ねぎし）先生

う～ん…
たぶん…

胸のこの
あたり？

頭の真ん中に
あるような気が
しますね…

どこでも
結構ですよ

さあ！ 目を閉じて
その水晶が光り輝く
イメージをしてみて
ください♥

ツルツル感…

あの無色透明…

ええ～？
ちょっと
恥ずかしい
ですぅ！

大丈夫かな
この人…

良心だと思える
その辺りを水晶だと
思ってください！

水晶？

はい、どの辺りに
良心があるかを
イメージしやすく
するためです

※光＝神の愛　良心＝本心

では次に、この観葉植物さんに………

うわああああ！きれいですね！

いつも本当にありがとう！

おかげで心が癒やされてまーす！

…と感謝の思い、意識をあなたの光[※]に乗せて投げかけてみてください

…………
………

同じように…この机さんにも

スタタタ

ポン

そうそう！そんな感じでグッドです！

ピカァ

シュワワ～..

※イメージです

※光＝神の愛

244

うわあああ！机さん！いつもありがとう！

机さんのおかげで皆楽しく会話をさせてもらってまーっす！

…と心の中で唱えて光を投げてください

いろいろな物を置かせてもらって助かってま〜す！

これからもよろしくお願いしまぁーっす！

あ…あのう…

パワーアップしているし…

僕ら根岸先生みたいなリアクション絶対に無理っすよ！

怪しすぎます

素直な気持ちほど万物に感謝の思いが伝わりますよ

聞いてないし…

机さんいつもありがとう！

イスさんとても座り心地がいいです！

コーヒーカップさんおかげ様でおいしいコーヒーが飲めて、感謝してます！

今、住んでいるご自宅にも光を送ってください

「ああ…本当にありがたいなー」
「この建物のおかげで雨や風や直射日光から私たちの生活が守られているんだなー」
「いつもありがとう」と光を送ってください

態度がまともになって安心した…

245

WORK ❷ 👉
目に入る一人一人に心の目で
相手の良心に向かって光を送りあいさつしよう！

こうやって、万物に光を投げ放つことなんですね！

これならボクでも実践できそうです！

万物だけではなくて街中で、すれちがう人にも光を投げ放ってみてください

例えば通勤電車の乗客の人や、運転士の方にも…

運転士さん、いつも安全に運行してくれてありがとうございます

おばあさんこんにちは！

ピカァ

お体に気をつけて長生きして幸せにお過ごしください

お父さんいつもご苦労様です家族全員が幸せに暮らせますように

お姉さんも今日も良いことがたくさん起こり毎日が幸せでありますように

ピカァァァァァ

※心の目＝神の目　良心＝本心　光＝神の愛

でも、つい外見で人を判断してしまいます。どうしたらいいですか？

その人を**外見**で見るのではなく…

心の目で見るのです！

心の……
………目？

はい！　例えば無愛想な顔で歩くおばさんがいたとして、それを見た時にあなたは心の中でどう感じますか？

もし外見だけで見れば思わず目を背けたくなり誰もが近づきたくない見るに堪えない姿…

そんなケバケバ姿…すれちがうだけでも不愉快でいや〜な一日が訪れたと感じてイライラしてしまうかもしれませんよね？

ドス　ドス

なんじゃ？ありゃ…

そんなときにこそ、**心の目**でおばさんを見てみましょう！

そんなおばさんにも必ず良心があるのです

パァ

ギロリ　スゥ…

ふん!!

※良心＝本心　光＝神の愛

248

この人も、あの人の
ご家族も毎日幸せに
暮らせますように

ビルにも！

見えているすべての環境に
くまなく祝福する気持ちで
光を投げて満たしてください

あのマンションにも！

あのマンションに
住む一人一人の家族が
どうか幸せに暮らせ
ますように……

並木さん、
ありがとう！

道路よ、ありがとう！

まるで花咲かじいさんのようですね

なるほど

はい！

そのとおりです！

枯れ枝に幸せの花を咲かせるのです

ほれ

ほれ

ほれ

でも、※光を投げたからといって仙人になれるわけではないし給与アップするわけでもないしゴージャスな家に住めるようになるわけでもないんですよ

ええ〜？そうなんだ〜

いったい何が変わるんですか？

それはお金で買えるものではありません！ 何だと思いますか？

そう言えば…

以前の自分とぜんぜん違います！

心ですね！

いままでのボクは、ささいなことでもすぐイライラしていましたが、光のワークを続けていたらすべての現象を受けとめられる心の広い自分へと変わっていてワクワクしています！

Before

After

思いどおりじゃなくても大丈夫！

※光＝神の愛　正午定着＝心と体の統一　心の目＝神の目

250

WORK❸ 👉
囚われの自分に気づき、影をつくらない
※正午定着の人生を歩んでみましょう！

私も変わりました！不思議と良いことがどんどん起こるんですよ！

何が起こるか楽しみで、毎朝ワクワクします！

それは、良心が透き通った水晶のようになって発光体になれたからですよ！

どんどんよいことが引き寄せられてきているんです！

歩道に咲いている花がとてもキレイに見えたことに気づくことができてうれしくなったり……

苦手な上司も良いところを見つけることができて、今では良好な関係を築けています！

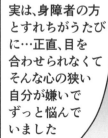

実は、身障者の方とすれちがうたびに…正直、目を合わせられなくてそんな心の狭い自分が嫌いでずっと悩んでいました

ところが、心の目で見たら「この人こそ幸せになってほしい」と感じられるようになりました…

すると壁みたいなのが溶けて、その方に自然に目がいき向き合えるようになりました

※光を投げ放つことで、堕落性がどんどん溶かされている自分に驚いてます！

そう！人を肉の目でなく心の目で見て、光を投げて、委ねていくことで、どんどん道が開かれます！

そんな導きを体験できた人がたくさんいるんですよ！

光を投げ放つと影の生じる隙間がなくなります

心配性の僕が委ねることができるようになりました！

ギクシャクした親子・夫婦関係がなくなり、不安や心配事が少なくなりました！

嫁姑の関係が改善されました嫌な思いが溶かされました！

人や動物や植物、目に見えるすべての存在が輝いて見えて自分の願いも叶っていきやすくなります！

まさに、みなさんも※正午定着の人生を歩み始めたのです！

正午・・・定着？

※光＝神の愛　心の目＝神の目　正午定着＝心と体の統一

そう…私たちの日常といえば…

※囚われの自分＝自己中心的な思いに囚われる自分　　正午定着＝心と体の統一　　光＝神の愛

すでにあなた自身が
真の愛の発光体なのです

影がない水晶のような
心で温かさや平安を
感じてみてください

あなたの真の愛の光を
天宙までイメージとして
拡大させてください

そうだったのか！

真の父母様が
願われた世界が
見えてきたぞ！

天宙
世界
国家
地域
家庭

個人

いつも、国家・世界・天宙にまでも
光を投げ放ってください

※心の目で見れば…

76億人類が神様を中心とする人類一家族であることを実感できるのです！

心の目で愛の光を投げ放ち続けることにより、自由と平和と統一と幸福の世界を見ることができます！

「天一国の真の主人」を目指していきましょう！

「世の光たれ！」──神様は私たち一人一人に、実体的な**心情文化世界を建設してほしいと今、願われているのです！**

※心の目＝神の目

おわりに

「良心（本心）は両親に優る……」から始まる真の父母様の「良心宣言」から、早くも25年以上の歳月が流れました。

　真のお母様は、次のように語っておられます。

「ですから私は、『人間の努力や力をもってしては限界が来た』『人間中心ではだめだ』『宇宙の中心である、創造主・神様、天の父母様に侍るところにおいてのみ、一つになることができる』ということを教育しています。その具体的な方法としては、真の父母様を通して、祝福結婚を受ける道のみが、永生救援の道です」

　　（2018年10月19日、天地人真の父母様主管 神韓国家庭連合 日本宣教師会 特別集会）

「祝福結婚」を授かることによって、初めて真の愛と真の生命と真の血統が連結され、良心が神と通じるというのが私たちの立場です。そうなってこそ、すべての問題が解決され、神の三大祝福を成就することができるのです。

　真のお母様がおっしゃる「神様に侍る」ということは、私たちの生活においては「良心」（本心）の声に聞き従うことを通してのみ、可能となります。

　この補助教材の各種ワークによって、囚われの自分から解放され、良心の声に聞き従うことで、み旨成就のために重要な足掛かりとなることを願います。皆様のこれからの歩みに、本書を活用してくださることを心から願っています。

　最後に、天の父母様と真の父母様に深甚なる感謝をお捧げいたします。

2019年11月

　　　　　　　　　世界平和統一家庭連合
　　　　　　　　　「自己牧会プログラム」編集委員会

信仰生活補助教材

自己牧会プログラム―「囚われの自分」からの解放を目指して

2019年11月22日　　初版第1刷発行
2024年4月1日　　初版第5刷発行

編　集　世界平和統一家庭連合
　　　　「自己牧会プログラム」編集委員会
発　行　株式会社　光言社
　　　　〒150-0042　東京都渋谷区宇田川町37-18
　　　　https://www.kogensha.jp
印　刷　株式会社　ユニバーサル企画